KÜRBIS
KRAUT & CO.

DIE BESTEN REZEPTE

02

03

01

04

INHALT

01

SALATE &
VORSPEISEN

LINSENSALAT
MIT GEBRATENEM KÜRBIS

ZUBEREITUNG

01. Am Vortag die Linsen in eine Schüssel mit Wasser geben und über Nacht einweichen.

02. Am nächsten Tag die Linsen in ein Sieb abgießen. In einem Topf in reichlich Wasser etwa 1 Stunde garen, in ein Sieb abgießen und gut abtropfen lassen.

03. Inzwischen den Kürbis putzen, waschen und vierteln. Die Kerne mit einem Löffel entfernen. Die Kürbisviertel in mundgerechte Würfel schneiden und in reichlich Salzwasser 6 bis 8 Minuten bissfest garen. In ein Sieb abgießen und gut abtropfen lassen.

04. Den Knoblauch schälen und in feine Würfel schneiden. Mit dem Olivenöl, Salz und Cayennepfeffer verrühren. Die Kürbiswürfel damit bestreichen und in einer Pfanne bei mittlerer Hitze rundum goldbraun anbraten.

05. Den Rucola verlesen, waschen und trocken schütteln, grobe Stiele entfernen. Die beiden Essigsorten mit Salz und Pfeffer verrühren, nach und nach das Öl unterschlagen.

06. Die Vinaigrette mit den Kürbiswürfeln, dem Rucola und den Linsen mischen. Den Salat nochmals mit Salz und Pfeffer abschmecken und auf Tellern anrichten. Den Ziegenkäse zerbröckeln und den Salat damit garnieren.

ZUTATEN
FÜR 4 PERSONEN

+ **400 g braune Linsen**
+ **1 Hokkaidokürbis (ca. 800 g)**
+ **Salz**
+ **2 Knoblauchzehen**
+ **2 EL Olivenöl**
+ **Cayennepfeffer**
+ **1 Bund Rucola**
+ **2 EL Apfelessig**
+ **1 TL Aceto balsamico**
+ **Pfeffer aus der Mühle**
+ **4 EL Distelöl**
+ **80 g Ziegenweichkäse (am Stück)**

TIPP — *Beim orangeroten Hokkaidokürbis kann man sich im Gegensatz zu anderen Kürbissorten das Schälen nach Belieben sparen: Seine dünne Schale wird beim Garen weich und kann daher mit verzehrt werden.*

KÜRBIS-GARNELEN-SALAT
MIT ZUCCHINI

ZUTATEN FÜR 4 PERSONEN

+ 1 Hokkaidokürbis (ca. 1 kg)
+ Salz
+ 3 EL Öl
+ Pfeffer aus der Mühle
+ 16 Garnelen (küchenfertig; bis auf das Schwanzstück geschält)
+ 2 Handvoll kleine Rote-Bete-Blätter (oder Blattspinat)
+ 2 Zucchini
+ 1 rote Chilischote
+ 3–4 EL Weißweinessig
+ 2–3 EL Olivenöl
+ 2 EL Kürbiskernöl
+ einige Korianderblätter

ZUBEREITUNG

01. Den Kürbis putzen, waschen bzw. schälen und vierteln. Die Kerne mit einem Löffel entfernen und die Kürbisviertel in mundgerechte Würfel schneiden. Die Kürbiswürfel in reichlich Salzwasser 6 bis 8 Minuten bissfest garen. In ein Sieb abgießen, abtropfen und abkühlen lassen.

02. Das Öl in einer Pfanne erhitzen und die Kürbiswürfel darin goldbraun anbraten. Mit Salz und Pfeffer würzen und aus der Pfanne nehmen. Die Garnelen waschen und trocken tupfen. Im verbliebenen Bratfett 3 bis 4 Minuten auf beiden Seiten braten, mit Salz und Pfeffer würzen und beiseitestellen.

03. Die Rote-Bete-Blätter verlesen, waschen und trocken schütteln. Die Zucchini putzen, waschen und längs in dünne Scheiben hobeln. Die Chilischote längs halbieren, entkernen, waschen und in feine Würfel schneiden. Den Essig mit Chiliwürfeln, Salz und Pfeffer verrühren, die beiden Ölsorten nach und nach unterschlagen. Kürbiswürfel, Garnelen, Rote-Bete-Blätter und Zucchinischeiben mit der Vinaigrette mischen. Den Salat mit dem Koriander garniert servieren.

GEBRATENER KÜRBIS
MIT GORGONZOLA UND SPINAT

ZUTATEN FÜR 4 PERSONEN

+ **Öl für das Blech**
+ **1 Hokkaidokürbis (ca. 800 g)**
+ **Olivenöl zum Bepinseln**
+ **Salz • Pfeffer aus der Mühle**
+ **300 g junger Blattspinat**
+ **250 g Gorgonzola**

ZUBEREITUNG

01. Den Backofen auf 200 °C Umluft vorheizen. Ein Backblech einfetten. Den Kürbis putzen, waschen und vierteln. Die Kerne mit einem Löffel entfernen und die Kürbisviertel in etwa 3 cm dicke Spalten schneiden.

02. Die Kürbisspalten auf das Backblech legen, mit Olivenöl bepinseln und mit Salz und Pfeffer würzen. Im Ofen auf der mittleren Schiene etwa 30 Minuten weich garen.

03. Den Spinat verlesen, waschen und trocken schleudern. Den Gorgonzola in mundgerechte Stücke schneiden und auf eine ofenfeste Platte legen. Den Kürbis aus dem Ofen nehmen und den Backofengrill einschalten. Die Käsestücke unter dem Backofengrill auf beiden Seiten leicht bräunen.

04. Den Spinat auf Teller verteilen, die gebratenen Kürbisspalten und die Gorgonzolastücke darauf anrichten. Mit Salz und Pfeffer würzen und sofort servieren.

GRÜNER-SPARGEL-SALAT
MIT ROTER BETE

ZUBEREITUNG

01. Die Roten Beten putzen, waschen und in reichlich Salzwasser etwa 45 Minuten weich garen. Herausnehmen, einige Minuten in kaltes Wasser legen und dann schälen (am besten mit Einweghandschuhen, da die Knollen abfärben). Die Roten Beten halbieren und in Spalten schneiden.

02. Inzwischen den Spargel waschen, nur im unteren Drittel schälen und die holzigen Enden abschneiden. Die Spargelstangen dritteln und in reichlich Salzwasser 12 bis 15 Minuten blanchieren. Mit dem Schaumlöffel herausnehmen, kalt abschrecken und abtropfen lassen. Die Spargelstücke mit den Rote-Bete-Spalten mischen.

03. Den Essig mit Salz und Pfeffer verrühren, nach und nach das Olivenöl unterschlagen. Die Vinaigrette mit dem Gemüse mischen und den Salat etwa 20 Minuten durchziehen lassen. Vor dem Servieren nochmals mit Salz und Pfeffer abschmecken und auf Tellern anrichten.

—————

TIPP — *Schneller Frischetest: Frischen Spargel, egal ob grünen oder weißen, erkennt man daran, dass die Schnittflächen noch hell und feucht und die Stangen unversehrt sind.*

ZUTATEN
FÜR 4 PERSONEN

+ **4 kleine Rote Beten (oder englische Gelbrote Beten; ca. 500 g)**
+ **Salz**
+ **700 g grüner Spargel**
+ **3–4 EL Rotweinessig**
+ **Pfeffer aus der Mühle**
+ **5 EL Olivenöl**

ROTE-BETE-SALAT
MIT APFEL UND SCHNITTLAUCH

ZUTATEN FÜR 4 PERSONEN

+ 4 kleine Rote Beten (ca. 600 g)
+ Salz
+ 2 Essiggurken
+ 1 großer rotschaliger Apfel
  (z. B. Summerred)
+ 1 rote Zwiebel
+ ½ Bund Schnittlauch
+ 1 kleines Stück Meerrettichwurzel
+ 3 EL Apfelessig
+ Pfeffer aus der Mühle
+ 5–6 EL Öl

ZUBEREITUNG

01. Die Roten Beten putzen, waschen und in reichlich Salzwasser etwa 45 Minuten weich garen. Herausnehmen, einige Minuten in kaltes Wasser legen und dann schälen (am besten mit Einweghandschuhen, da die Knollen abfärben). Die Rote Beten in Scheiben oder Stücke schneiden.

02. Die Essiggurken abtropfen lassen und in sehr dünne Scheiben schneiden. Den Apfel waschen, vierteln und das Kerngehäuse entfernen. Die Apfelviertel in sehr dünne Spalten schneiden. Die Zwiebel schälen und in feine Ringe schneiden. Den Schnittlauch waschen, trocken schütteln und in Stücke schneiden. Die Meerrettichwurzel schälen und auf der Gemüsereibe fein raspeln. Alles mit den Roten Beten in einer Schüssel mischen.

03. Den Essig mit Salz und Pfeffer verrühren und das Öl nach und nach unterschlagen. Den Rote-Bete-Salat mit der Vinaigrette mischen, nochmals mit Salz und Pfeffer abschmecken und auf Tellern oder in Schälchen anrichten.

ROTE-BETE-SALAT
MIT ZWIEBELN UND ZIEGENKÄSE

ZUTATEN FÜR 4 PERSONEN

+ 1 kg junge Rote Beten
+ 3 rote Zwiebeln
+ 3 EL Olivenöl
+ je 1 TL Koriander- und
  schwarze Pfefferkörner
+ 2 TL Senfkörner
+ Salz
+ 50 ml Gemüsebrühe
+ 1 reifer Crottin de Chavignol
  (Weichkäse aus Ziegenmilch)

ZUBEREITUNG

01. Den Backofen auf 180 °C vorheizen. Die Roten Beten putzen, dabei den Blattansatz bis auf eine Länge von 2 bis 3 cm abschneiden. Einige schöne Blätter für die Deko beiseitelegen. Die Knollen schälen (am besten mit Einweghandschuhen, da die Knollen abfärben). Die Zwiebeln schälen, längs halbieren und in Spalten schneiden. Die Roten Beten und die Zwiebeln dünn mit dem Olivenöl bepinseln und in eine Schüssel geben.

02. Die Koriander- und Pfefferkörner im Mörser grob zerstoßen und mit den Senfkörnern und ½ TL Salz unter das Gemüse mischen.

03. Das Gemüse in einen Bratbeutel füllen. Die Brühe dazugießen, den Beutel verschließen, an der Oberseite einstechen und in eine Auflaufform setzen. Das Gemüse im Ofen etwa 1 Stunde garen.

04. Zum Servieren den Bratbeutel aufschneiden, das Gemüse herausnehmen und etwas abkühlen lassen. Die beiseitegelegten Rote-Bete-Blätter waschen, trocken schütteln und auf Teller verteilen. Die Rote Beten und die Zwiebeln darauf anrichten. Den Ziegenkäse mit dem Sparschäler darüberhobeln.

SELLERIESALAT
MIT ROTER BETE UND FELDSALAT

ZUBEREITUNG

01. Die Roten Beten putzen, waschen und in reichlich Salzwasser etwa 45 Minuten weich garen. Herausnehmen, einige Minuten in kaltes Wasser legen und dann schälen (am besten mit Einweghandschuhen, da die Knollen abfärben). Die Roten Beten in feine Scheiben schneiden.

02. Inzwischen die Sellerieknollen waschen und im Dampfgarer oder in einem Topf mit Dämpfeinsatz etwa 30 Minuten dämpfen. Etwas abkühlen lassen, schälen und ebenfalls in feine Scheiben schneiden.

03. Den Essig mit Salz und Pfeffer verrühren, nach und nach die beiden Ölsorten unterschlagen. Jeweils ein Drittel der Vinaigrette mit den lauwarmen Rote-Bete- und Selleriescheiben vorsichtig mischen und etwa 30 Minuten durchziehen lassen.

04. Den Feldsalat verlesen, waschen und trocken schleudern. Die Walnusskerne grob hacken. Die Rote-Bete- und Selleriescheiben abwechselnd fächerförmig auf Tellern anrichten. Den Feldsalat mit der restlichen Vinaigrette mischen und auf den Gemüsescheiben anrichten. Den Salat mit den Walnüssen bestreuen und mit der sauren Sahne garnieren.

TIPP — *Gesunde Knabberei: Walnüsse sind reich an wertvollen Fettsäuren, Vitaminen, Mineralstoffen und Spurenelementen. Die Nüsse sind daher ideale Hirn- und Nervennahrung und schützen zudem das Herz.*

ZUTATEN FÜR 6 PERSONEN

+ **3 kleine Rote Beten (ca. 350 g)**
+ **Salz**
+ **2 kleine Sellerieknollen (ca. 500 g)**
+ **4 EL Apfelessig**
+ **Pfeffer aus der Mühle**
+ **2 EL Walnussöl**
+ **4 EL Sonnenblumenöl**
+ **300 g Feldsalat**
+ **100 g Walnusskerne**
+ **2 EL saure Sahne**

WARMER ROSENKOHLSALAT
MIT GEBRATENER GÄNSELEBER

ZUTATEN FÜR 4 PERSONEN

+ **4 Tomaten**
+ **500 g Rosenkohl**
+ **Salz**
+ **360 g Gänseleber**
+ **1–2 EL Butter**
+ **Pfeffer aus der Mühle**
+ **1 Schalotte**
+ **2–3 EL Cognac**
+ **je 2 EL gehackter Majoran und gehackte Petersilie**

ZUBEREITUNG

01. Die Tomaten kreuzweise einritzen, überbrühen, häuten, vierteln und entkernen. Die Tomatenviertel in kleine Würfel schneiden. Den Rosenkohl putzen und in die einzelnen Blätter teilen. Diese waschen und in kochendem Salzwasser etwa 1 Minute blanchieren. Abgießen, kalt abschrecken und abtropfen lassen.

02. Die Gänseleber waschen, trocken tupfen und in mundgerechte Stücke schneiden. In einer Pfanne in der Butter bei mittlerer Hitze auf beiden Seiten 2 bis 3 Minuten anbraten. Herausnehmen und mit Salz und Pfeffer würzen.

03. Die Schalotte schälen, in feine Würfel schneiden und im verbliebenen Bratfett andünsten. Die Rosenkohlblätter und die Tomatenwürfel dazugeben, kurz mitdünsten und mit dem Cognac ablöschen.

04. Die Kräuter untermischen und den warmen Rosenkohlsalat mit Salz und Pfeffer würzen. Auf Teller verteilen, die Gänseleberstücke darauf anrichten und den Salat sofort servieren.

ROSENKOHLSALAT
MIT KÜRBIS UND OLIVEN

ZUTATEN FÜR 4 PERSONEN

+ 1 große festkochende Kartoffel
+ Salz
+ Öl zum Ausbacken
+ 2 EL helle Sesamsamen
+ 800 g Rosenkohl
+ 400 g Muskatkürbisfleisch
+ 1 rote Paprikaschote
+ 50 g schwarze Oliven (ohne Stein)
+ 100 g Rucola • 1 Schalotte
+ 2 EL Weißweinessig
+ 1 EL Zitronensaft
+ Pfeffer aus der Mühle
+ 4 EL Olivenöl
+ 2 EL gehackte Petersilie

ZUBEREITUNG

01. Die Kartoffel schälen, waschen und in feine Scheiben hobeln. In Salzwasser kurz blanchieren, gut abtropfen lassen und in heißem Öl goldbraun frittieren. Auf Küchenpapier abtropfen lassen und mit Sesam und Salz bestreuen.

02. Den Rosenkohl putzen, waschen, halbieren und in kochendem Salzwasser etwa 15 Minuten garen. Das Kürbisfleisch in kleine Würfel schneiden, nach 5 Minuten zum Rosenkohl geben und mitgaren. Dann beides abgießen, kalt abschrecken und gut abtropfen lassen.

03. Paprika längs halbieren, entkernen, waschen und in kleine Würfel schneiden. Oliven längs vierteln. Rucola verlesen, waschen und trocken schleudern, grobe Stiele entfernen. Schalotte schälen, in feine Würfel schneiden.

04. Essig, Zitronensaft, Salz und Pfeffer verrühren, nach und nach das Olivenöl unterschlagen. Die Petersilie untermischen, ein Drittel der Vinaigrette mit dem Rucola mischen und auf Teller verteilen. Die restliche Vinaigrette mit Rosenkohl, Kürbis, Paprika, Oliven und Schalotte mischen und den Rosenkohlsalat neben dem Rucola anrichten. Mit den Sesam-Kartoffelchips servieren.

HÄHNCHEN-ROTKOHL-SALAT
MIT ZUCCHINI UND WILDREIS

ZUBEREITUNG

01. Den Wildreis nach Packungsanweisung in Salzwasser bissfest garen. Die beiden Essigsorten mit Zitronensaft, Honig und Salz verrühren.

02. Den Rotkohl putzen, waschen, halbieren und den Strunk entfernen. Die Rotkohlviertel in feine Streifen schneiden oder hobeln, mit der Marinade mischen und etwa 30 Minuten durchziehen lassen.

03. Die Zucchini putzen, waschen und in mundgerechte Stücke schneiden. 2 EL Olivenöl in einer Pfanne erhitzen und die Zucchinistücke darin rundum anbraten. Mit Salz und Pfeffer würzen und mit dem Wildreis unter den Rotkohl mischen.

04. Die Hähnchenbrustfilets waschen, trocken tupfen und in mundgerechte Würfel schneiden. Das restliche Olivenöl in der Pfanne erhitzen und die Hähnchenwürfel darin rundum etwa 5 Minuten braten. Mit Salz und Pfeffer würzen und unter den Rotkohlsalat mischen.

05. Den Salat nochmals mit Salz und Pfeffer abschmecken, auf Tellern oder in Schälchen anrichten und mit dem Sesam bestreut servieren. Dazu passt frisches Brot oder Baguette.

———

TIPP — *Wildreis ist streng genommen kein Reis, sondern die Frucht einer Sumpfgrasart. Wildreis hat ein angenehm nussiges Aroma. Er ist unter anderem auch als „Kanadischer Reis" und „Indianerreis" im Handel erhältlich.*

ZUTATEN
FÜR 4 PERSONEN

+ **50 g Wildreis**
+ **Salz**
+ **2 EL Aceto balsamico**
+ **1 EL Himbeeressig**
+ **einige Spritzer Zitronensaft**
+ **1 TL flüssiger Honig**
+ **½ Kopf Rotkohl (ca. 500 g)**
+ **2 Zucchini**
+ **4 EL Olivenöl**
+ **Pfeffer aus der Mühle**
+ **2 Hähnchenbrustfilets (à ca. 180 g)**
+ **2 EL helle Sesamsamen**

CHINAKOHLSALAT
MIT TINTENFISCH UND SPROSSEN

ZUTATEN FÜR 4 PERSONEN

+ **200 g Tintenfischringe (küchenfertig)**
+ **1 Knoblauchzehe**
+ **2 EL Sonnenblumenöl**
+ **1 EL Zitronensaft**
+ **1 TL geriebener Ingwer**
+ **Cayennepfeffer**
+ **1 Chinakohl (ca. 500 g)**
+ **100 g Sojabohnensprossen**
+ **1 EL Reisessig**
+ **2 EL helle Sojasauce**
+ **1 EL Sesamöl**

ZUBEREITUNG

01. Die Tintenfischringe waschen und trocken tupfen. Den Knoblauch schälen, in feine Würfel schneiden und mit dem Sonnenblumenöl, dem Zitronensaft, dem Ingwer und Cayennepfeffer mischen. Die Tintenfischringe damit marinieren.

02. Den Chinakohl putzen, waschen und in die einzelnen Blätter teilen. Die Blattrippen herausschneiden und die Blätter in feine Streifen schneiden. Die Sojabohnensprossen überbrühen, abtropfen lassen und mit den Chinakohlstreifen mischen.

03. Den Essig mit der Sojasauce und dem Sesamöl verrühren und mit dem Chinakohlsalat mischen. Nach Belieben nochmals mit Sojasauce abschmecken.

04. Die Tintenfischringe aus der Marinade nehmen und in einer Pfanne ohne Fett bei mittlerer Hitze 2 bis 3 Minuten rundum braten. Den Chinakohlsalat auf Teller oder in Schälchen verteilen, die Tintenfischringe darauf anrichten und servieren.

APFEL-SELLERIE-SALAT
MIT ORANGENDRESSING

ZUTATEN FÜR 4 PERSONEN

+ Saft von 2 Orangen (ca. 125 ml)
+ 2 TL abgeriebene Bio-Orangenschale
+ 3 EL Crème fraîche
+ Salz
+ 400 g Knollensellerie
+ 1 säuerlicher Apfel (z. B. Boskop)
+ 2 EL Sonnenblumensprossen
  (oder andere Sprossen)
+ 2 getrocknete Aprikosen
+ 1 EL rosa Pfefferbeeren

ZUBEREITUNG

01. Den Orangensaft und die -schale, die Crème fraîche und Salz verrühren. Den Sellerie putzen, schälen und in feine Streifen (Julienne) schneiden oder auf der Gemüsereibe grob raspeln. Die Selleriestreifen sofort unter das Orangendressing ziehen.

02. Den Apfel waschen, vierteln und das Kerngehäuse entfernen. Die Apfelviertel in feine Streifen schneiden und sofort unter den Selleriesalat mischen.

03. Die Sonnenblumensprossen überbrühen und abtropfen lassen. Die Aprikosen in feine Streifen schneiden, mit den rosa Pfefferbeeren und den Sprossen unter den Salat mischen. Den Apfel-Sellerie-Salat auf Teller oder in Schälchen verteilen und nach Belieben mit Vollkornbrötchen servieren.

GEBRATENER THUNFISCH
MIT ROTER BETE

ZUBEREITUNG

01. Die Roten Beten putzen, waschen und in reichlich Salzwasser etwa 45 Minuten weich garen. Herausnehmen, einige Minuten in kaltes Wasser legen und dann schälen (am besten mit Einweghandschuhen, da die Knollen abfärben). Die Roten Beten in mundgerechte Würfel schneiden.

02. Die Thunfischsteaks waschen, trocken tupfen und ebenfalls in mundgerechte Würfel schneiden. Mit Salz und Pfeffer würzen. Das Olivenöl in einer Pfanne erhitzen und die Thunfischwürfel darin bei mittlerer Hitze rundum anbraten.

03. Die Thunfischwürfel aus der Pfanne nehmen und beiseitestellen. Den Ingwer und die Rote-Bete-Würfel im verbliebenen Bratfett andünsten und mit Salz und Pfeffer abschmecken. Die Thunfischwürfel untermischen und auf vorgewärmten Tellern anrichten. Mit je 1 EL saurer Sahne garniert servieren.

———

TIPP — Damit der Thunfisch nicht zu trocken wird, sollten Sie ihn nicht zu lange braten — idealerweise sind die Würfel innen noch rosa. Thunfischsteaks gibt es inzwischen auch tiefgekühlt im Supermarkt.

ZUTATEN
FÜR 4 PERSONEN

+ **4 kleine Rote Beten (ca. 600 g)**
+ **Salz**
+ **4 Thunfischsteaks (à ca. 140 g)**
+ **Pfeffer aus der Mühle**
+ **4 EL Olivenöl**
+ **2 TL geriebener Ingwer**
+ **4 EL saure Sahne**

GLASNUDELSALAT
MIT SPITZKOHL UND FLUSSKREBSEN

ZUBEREITUNG

01. Die Glasnudeln mit reichlich kochendem Salzwasser übergießen und etwa 10 Minuten ziehen lassen.

02. Inzwischen vom Kohl die äußeren Blätter und den Strunk entfernen. Die restlichen Blätter waschen, trocken tupfen und in feine Streifen schneiden. Die Möhren putzen, schälen und auf der Gemüsereibe in feine lange Streifen hobeln. Die Gurke schälen, längs halbieren und die Kerne mit einem Löffel entfernen. Das Fruchtfleisch auf der Gemüsereibe fein reiben. Den Spitzkohl, die Möhre und die Gurke in eine Salatschüssel geben.

03. Den Limettensaft mit dem Ahornsirup und beiden Ölen in einer Schüssel gut verrühren und mit Salz, Pfeffer und Chiliflocken pikant würzen.

04. Das Gemüse mit der Marinade mischen. Den Koriander waschen, trocken schütteln und einige Stiele beiseitelegen. Den restlichen Koriander mit den Stielen fein hacken.

05. Das Flusskrebsfleisch abbrausen und abtropfen lassen. Die Glasnudeln in ein Sieb abgießen und gut abtropfen lassen. Die Glasnudeln mit einer Küchenschere kürzen und mit den Flusskrebsen unter den Salat mischen. Den Koriander unterrühren und den Salat nochmals mit Salz und Pfeffer abschmecken.

06. Den Glasnudelsalat auf Tellern oder in Schalen anrichten, mit dem restlichen Koriander garnieren und lauwarm servieren.

ZUTATEN FÜR 4 PERSONEN

+ **100 g Glasnudeln**
+ **Salz**
+ **300 g junger Spitzkohl**
+ **2 Möhren**
+ **½ Gurke**
+ **Saft von 2 Limetten**
+ **1 EL Ahornsirup**
+ **1 EL Leinöl**
+ **1 EL Rapsöl**
+ **Pfeffer aus der Mühle**
+ **1 TL getrocknete Chiliflocken**
+ **1 Handvoll Koriander**
+ **200 g Flusskrebs-schwänze (vorgegart und geschält; ersatzweise Party-Garnelen)**

SAUERKRAUT-PAPRIKA-SUSHI
MIT SPROSSEN

ZUBEREITUNG

01. Die Paprikaschoten längs halbieren, entkernen, waschen und in Stifte schneiden. Die Salatblätter waschen, trocken tupfen und längs halbieren. Die Salatstreifen mit den Paprikastiften belegen und aufrollen. Die Sojabohnensprossen überbrühen und abtropfen lassen. Das Sauerkraut ebenfalls abtropfen lassen und mit drei Vierteln der Sprossen mischen.

02. Die Nori-Blätter mit wenig Wasser bestreichen und quer halbieren. Jeweils ½ Nori-Blatt auf eine Bambusmatte legen und ein Viertel der Sauerkraut-Sprossen-Mischung darauf verteilen, dabei oben einen 2 cm breiten Streifen frei lassen. Gut andrücken, je 1 Salat-Paprika-Rolle mit der Naht nach unten in die Mitte setzen und das Nori-Blatt mithilfe der Matte und wenig Druck von der unteren Längsseite her aufrollen. Mit den restlichen Zutaten 3 weitere Rollen formen.

03. Die Sushirollen in je 4 gleich große Stücke schneiden und mit den restlichen Sprossen garniert servieren. Nach Belieben Sojasauce dazu reichen.

TIPP — *Sushi, das auf diese Weise zubereitet wird, nennt man Maki-Sushi. Achten Sie darauf, die Nori-Blätter nicht mit zu viel Füllung zu belegen, sonst lassen sie sich nicht ordentlich aufrollen.*

ZUTATEN FÜR 16 STÜCK

+ je ¼ gelbe und rote Paprikaschote
+ 2 große Blätter Kopfsalat
+ 100 g Sojabohnensprossen
+ 315 g Sauerkraut (aus der Dose)
+ 2 Nori-Blätter

WURZELGEMÜSE-PAKORAS
MIT LAUWARMEM CHILIDIP

ZUBEREITUNG

01. Für die Pakoras die beiden Mehlsorten mit dem Backpulver, 2 TL Salz und den Gewürzen in einer Schüssel mischen. 300 ml Wasser dazugießen und alles zu einem glatten Teig verrühren. Den Teig etwa 30 Minuten quellen lassen.

02. Für den Chilidip die Chilischote längs halbieren, entkernen, waschen und in feine Würfel schneiden. Den Knoblauch schälen und in feine Würfel schneiden. Das Öl erhitzen und die Chili- und Knoblauchwürfel darin andünsten. Ingwer, passierte Tomaten, Essig und Zucker dazugeben und bei schwacher Hitze 2 Minuten köcheln lassen. Den Chilidip mit dem Stabmixer fein pürieren.

03. Den Sellerie und den Kohlrabi putzen, schälen und in dünne Scheiben schneiden. In kochendem Salzwasser 2 bis 3 Minuten sehr bissfest garen. Abgießen, kalt abschrecken und trocken tupfen.

04. Das Öl in der Fritteuse oder in einem hohen Topf auf 170 °C erhitzen. Die Gemüsescheiben portionsweise durch den Ausbackteig ziehen und im Öl goldbraun frittieren. Auf Küchenpapier gut abtropfen lassen und mit dem Chilidip servieren.

TIPP — *Statt Knollensellerie und Kohlrabi können Sie ebenso andere eher feste Gemüsesorten verwenden. Besonders gut eignen sich z. B. Blumenkohl, Pastinaken, (Süß-)Kartoffeln oder Zucchini.*

ZUTATEN FÜR 4 PERSONEN

FÜR DIE PAKORAS:
+ 150 g Kichererbsenmehl
+ 50 g Weizenmehl
+ 1 TL Backpulver • Salz
+ ¼ TL gemahlene Kurkuma
+ 1 TL Garam Masala (ind. Gewürzmischung)
+ 1 TL gemahlener Koriander
+ 1 TL Chilipulver
+ je 300 g Knollensellerie und Kohlrabi
+ Öl zum Ausbacken

FÜR DEN CHILIDIP:
+ 1 rote Chilischote
+ 1 Knoblauchzehe
+ 1 EL Sesamöl
+ 1 TL gehackter Ingwer
+ 6 EL passierte Tomaten (aus der Dose)
+ 2 EL Weißweinessig
+ 2 EL Rohrzucker

KÜRBIS-SPECK-MUFFINS
MIT SAURER SAHNE

ZUTATEN FÜR 12 STÜCK

+ Fett und Mehl für die Form
+ 100 g Parmesan (am Stück)
+ 100 g durchwachsener geräucherter Speck
+ 250 g Muskatkürbisfleisch
+ 250 g Mehl
+ 2 TL Backpulver
+ ½ TL Currypulver
+ 2 Eier
+ 70 ml Öl
+ 80 ml Gemüsebrühe
+ 200 g saure Sahne

ZUBEREITUNG

01. Den Backofen auf 180°C vorheizen. Die Vertiefungen einer Muffinform einfetten und mit Mehl bestäuben oder Papierförmchen hineinsetzen. Den Parmesan fein reiben.

02. Den Speck in kleine Würfel schneiden und in einer Pfanne ohne Fett kurz anbraten. Das Kürbisfleisch in kleine Würfel schneiden. Das Mehl mit dem Käse, dem Back- und Currypulver in einer Schüssel mischen. Den Speck und die Kürbiswürfel untermischen.

03. Eier mit Öl, Brühe und saurer Sahne in einer zweiten Schüssel verquirlen und die Mehl-Kürbis-Mischung zügig unterrühren.

04. Den Teig maximal drei Viertel hoch in die Vertiefungen der Muffinform füllen und die Muffins im Ofen auf der mittleren Schiene 25 bis 30 Minuten goldbraun backen. Dann aus dem Ofen nehmen und in der Fom etwas abkühlen lassen. Aus der Form lösen und noch warm oder kalt servieren. Nach Belieben mit frittierten Kürbisscheiben und gebratenem Speck garnieren.

FRITTIERTE KÜRBISBÄLLCHEN

MIT RICOTTA UND PARMESAN

ZUTATEN FÜR CA. 20 STÜCK

+ **800 g Muskatkürbis**
+ **2 EL Butter**
+ **50 g Parmesan (am Stück)**
+ **200 g Ricotta**
+ **3 Eier**
+ **Salz • Pfeffer aus der Mühle**
+ **frisch gemahlene Muskatnuss**
+ **2 EL gehackte Petersilie**
+ **Mehl zum Wenden**
+ **Öl zum Ausbacken**

ZUBEREITUNG

01. Den Kürbis schälen und die Kerne mit einem Löffel entfernen. Das Kürbisfleisch in kleine Würfel schneiden. Die Butter in einer Pfanne erhitzen und die Kürbiswürfel darin etwa 10 Minuten weich dünsten. Mit dem Stabmixer fein pürieren.

02. Den Parmesan fein reiben und mit dem Ricotta und den Eiern unter das Kürbispüree mischen. Die Masse mit Salz, Pfeffer und Muskatnuss würzen und die Petersilie unterrühren. Die Masse darf nicht zu weich, sondern muss gut formbar sein, falls nötig, etwas Mehl untermischen. Aus der Kürbismasse mit angefeuchteten Händen kleine Bällchen formen und diese im Mehl wenden.

03. Das Öl in der Fritteuse oder in einem hohen Topf auf 170 °C erhitzen und die Kürbisbällchen darin 5 bis 6 Minuten goldbraun frittieren. Die Bällchen auf Küchenpapier abtropfen lassen und noch heiß, z.B. mit einem Chilidip oder Mango-Chutney, servieren.

TOPINAMBUR-TAJINE
MIT MÖHREN UND PAPRIKA

ZUBEREITUNG

01. Einen Tajinetopf 30 Minuten in kaltem Wasser wässern, falls er unglasiert ist (alternativ einen Schmortopf verwenden).

02. Den Knoblauch schälen und fein hacken. Den Koriander waschen und trocken schütteln, einige Stiele beiseitelegen. Vom restlichen Koriander die Blätter abzupfen und fein hacken. Den Knoblauch und den Koriander mit Paprikapulver, Kreuzkümmel, Ras-el-Hanout, Pfeffer und 2 EL Olivenöl verrühren. Die Sauce mit Salz abschmecken. Die Safranfäden zerreiben und in 150 ml lauwarmem Wasser ziehen lassen.

03. Die Topinamburknollen putzen, waschen und in kochendem Wasser etwa 3 Minuten garen. Topinambur in ein Sieb abgießen, kalt abschrecken und schälen. Die Knollen in etwa 1 cm dicke Scheiben schneiden. Die Schalotten schälen und je nach Größe vierteln oder sechsteln. Die Möhren putzen, schälen und in Stifte schneiden. Die beiden Paprikaschoten längs halbieren, entkernen, waschen und in Streifen schneiden. Die Tomaten waschen und in Achtel schneiden, dabei die Stielansätze entfernen.

04. Die Tajine mit etwas Öl einpinseln. Topinambur, Schalotten, Möhren und Paprika in der Gewürzsauce wenden. Erst den Topinambur, dann nacheinander das andere Gemüse in die Tajine legen und mit etwas Salz würzen. Die Tajine zugedeckt in den nicht vorgeheizten Ofen auf die mittlere Schiene stellen und das Gemüse bei 200 °C etwa 50 Minuten garen. Dabei nach und nach das Safranwasser dazugießen. Die Tajine herausnehmen und das Gemüse mit dem restlichen Koriander garniert servieren. Dazu schmeckt am besten frisch aufgebackenes Fladenbrot.

ZUTATEN
FÜR 4 PERSONEN

+ **2 Knoblauchzehen**
+ **ca. 1 Handvoll Koriander**
+ **1 EL Paprikapulver (edelsüß)**
+ **1–2 TL gemahlener Kreuzkümmel**
+ **½ TL Ras-el-Hanout**
+ **½ TL schwarzer Pfeffer**
+ **ca. 5 EL Olivenöl**
+ **Salz**
+ **1 Döschen Safranfäden (0,1 g)**
+ **750 g Topinambur**
+ **4 Schalotten**
+ **150 g Möhren**
+ **je 1 rote und grüne Paprikaschote**
+ **2 Tomaten**
+ **Olivenöl**

STECKRÜBENSCHMALZ
MIT ÄPFELN UND ZWIEBELN

ZUBEREITUNG

01. Speck in feine Würfel schneiden, Gänseschmalz in einem Topf langsam erhitzen und die Speckwürfel auslassen.

02. Die Steckrübe und die Zwiebeln schälen und beides in feine Würfel schneiden. Im heißen Speck-Gänse-Fett weich dünsten.

03. Die Äpfel schälen, vierteln und die Kerngehäuse entfernen. Die Apfelviertel in etwa ½ cm große Würfel schneiden und zum Steckrübenschmalz geben. Das Schmalz bei mittlerer Hitze etwa 5 Minuten braten – die entstandenen Grieben sollten nur hellbraun werden.

04. Den Topf vom Herd nehmen und das Steckrüben-schmalz mit Salz, reichlich Pfeffer und nach Belieben mit getrocknetem Majoran würzen.

05. Das Schmalz etwas abkühlen lassen, in 2 Twist-off-Gläser oder einen großen Steinguttopf gießen und vollstän-dig auskühlen lassen. Kurz vor dem Erstarren nochmals durchrühren, damit sich Grieben, Steckrüben-, Zwiebel- und Apfelwürfel gleichmäßig verteilen. Mit den Deckeln oder mit Frischhaltefolie verschließen und kühl aufbewahren.

ZUTATEN FÜR 2 GLÄSER

+ **500 g fetter geräucherter Schweinespeck**
+ **500 g Gänseschmalz**
+ **300 g Steckrübe**
+ **2 große Zwiebeln**
+ **2 säuerliche Äpfel (z. B. Boskop)**
+ **Salz • weißer Pfeffer aus der Mühle**

TIPP — *Gänseschmalz oder -fett ist in der Regel beim Metz-ger erhältlich. Sollten Sie kein Gänsefett bekommen, können Sie das Schmalz auch ausschließlich aus Schweinespeck zubereiten.*

GEBRATENE STECKRÜBE
MIT LINSENVINAIGRETTE

ZUBEREITUNG

01. Die Brühe in einem Topf aufkochen und die Linsen darin etwa 25 Minuten garen.

02. Die Möhre putzen und schälen, den Lauch putzen und waschen. Beides in sehr feine Würfel schneiden. Die Möhren und den Lauch am Ende der Kochzeit zu den Linsen geben und noch etwa 1 Minute garen. Dann alles in ein Sieb abgießen, kalt abschrecken und abtropfen lassen.

03. Die Zwiebel schälen und in sehr feine Würfel schneiden. Die Zwiebelwürfel mit der Linsen-Gemüse-Mischung und dem Schnittlauch in einer Schüssel mischen. Essig, Zitronensaft und 4 EL Olivenöl unterrühren und die Linsen-Gemüse-Mischung mit Salz und Pfeffer abschmecken.

04. Die Rüben putzen, schälen und längs in Stücke bzw. Spalten, dann in dünne Scheiben schneiden. Das restliche Olivenöl in einer Pfanne erhitzen und die Steckrübenscheiben darin rundum etwa 8 Minuten braten. Zum Schluss die Anissamen dazugeben und mit Salz und Pfeffer würzen.

05. Die gebratenen Steckrüben auf einer Platte anrichten, die Linsenvinaigrette darübergeben und servieren.

ZUTATEN FÜR 4 PERSONEN

+ ¼ l Gemüsebrühe
+ 100 g Puy-Linsen
+ 1 Möhre
+ ½ Stange Lauch
+ 1 rote Zwiebel
+ 2 EL Schnittlauchröllchen
+ 2 EL Weißweinessig
+ 1 EL Zitronensaft
+ 6 EL Olivenöl
+ Salz • Pfeffer aus der Mühle
+ 600 g Steckrübe
+ 1 TL Anissamen

TIPP — *Die hauptsächlich in Frankreich in der Auvergne angebauten Puy-Linsen haben ein ganz besonderes, nussiges Aroma. Ersatzweise können Sie auch Beluga- oder Berglinsen verwenden.*

02

SUPPEN & EINTÖPFE

KÜRBISSUPPE
MIT JAKOBSMUSCHELN

ZUBEREITUNG

01. Den Kürbis putzen, waschen und vierteln. Die Kerne mit einem Löffel entfernen und das Kürbisfleisch in 1 cm große Würfel schneiden. Mit der Brühe in einen großen Topf geben, aufkochen lassen und bei schwacher Hitze etwa 20 Minuten weich garen.

02. Die Sahne und etwa 1 EL Currypulver dazugeben und die Kürbissuppe mit dem Stabmixer pürieren. Die Butter in kleinen Stücken mit dem Stabmixer unterrühren und die Kürbissuppe mit Salz, Zimt- und Currypulver abschmecken.

03. Die Jakobsmuscheln waschen und trocken tupfen. Das Olivenöl in einer Pfanne erhitzen und die Jakobsmuscheln darin auf beiden Seiten etwa 1 Minute braten. Die Pfanne vom Herd nehmen und die Muscheln in der Resthitze gar ziehen lassen. Die Muscheln mit Salz und Pfeffer würzen und auf Küchenpapier abtropfen lassen.

04. Die Kürbissuppe auf Suppenteller oder -schälchen verteilen und je 1 Jakobsmuschel hineinsetzen. Nach Belieben mit gegarten Kürbisstreifen und Zimtrindenstückchen garnieren.

ZUTATEN FÜR 4 PERSONEN

+ 1 kleiner Hokkaidokürbis (ca. 600 g)
+ ¾ l Hühnerbrühe
+ 150 g Sahne
+ Currypulver
+ 4 EL kalte Butter
+ Salz
+ Zimtpulver
+ 4 Jakobsmuscheln (ausgelöst)
+ 1 TL Olivenöl
+ Pfeffer aus der Mühle

———

TIPP — *Jakobsmuscheln gibt es beim Fischhändler frisch oder in gut sortierten Supermärkten tiefgekühlt zu kaufen. Besonders raffiniert schmecken sie, wenn man sie mit Vanillesalz (aus dem Gewürzladen) würzt.*

KÜRBIS-KOKOS-SUPPE
MIT THAI-BASILIKUM UND INGWER

ZUBEREITUNG

01. Den Backofen auf 220 °C vorheizen. Den Kürbis schälen und die Kerne mit einem Löffel entfernen. Das Kürbisfleisch in etwa 2 cm große Würfel schneiden und in eine Auflaufform geben. 1 EL Butter in Flocken darüber verteilen, 100 ml Wasser darübergießen und die Kürbiswürfel leicht mit Salz würzen. Im Ofen auf der mittleren Schiene etwa 30 Minuten weich garen.

02. Inzwischen die Schalotten schälen und in feine Würfel schneiden. Die restliche Butter in einem großen Topf erhitzen und die Schalottenwürfel darin andünsten. Die Kokosmilch und die Brühe dazugießen, aufkochen und dann bei schwacher Hitze kurz köcheln lassen.

03. Die Kürbiskerne in einer Pfanne ohne Fett goldbraun rösten. Den Ingwer schälen und in feine Würfel schneiden. Mit dem gegarten Kürbis zur Kokosmilch geben und weitere 10 Minuten köcheln lassen. Die Suppe mit dem Stabmixer fein pürieren und mit Salz, Pfeffer, Zimtpulver und Cayennepfeffer abschmecken.

04. Das Thai-Basilikum waschen und trocken tupfen, die Blätter abzupfen, grob zerkleinern und zur Kürbis-Kokos-Suppe geben. Die Suppe in Suppentellern oder -schälchen anrichten und mit den Kürbiskernen bestreut servieren.

ZUTATEN
FÜR 4 PERSONEN

+ **800 g Muskatkürbis**
+ **2 EL Butter**
+ **Salz**
+ **2 Schalotten**
+ **300 ml Kokosmilch**
+ **400 ml Gemüsebrühe**
+ **3 EL Kürbiskerne**
+ **1 haselnussgroßes Stück Ingwer**
+ **Salz • Pfeffer aus der Mühle**
+ **Zimtpulver**
+ **Cayennepfeffer**
+ **1 Stiel Thai-Basilikum**

———

TIPP — *Wer es gern scharf mag, kann die Suppe noch mit 1 roten Chilischote (in kleinen Würfeln) oder 1 EL roter Currypaste verfeinern. Diese dann mit den Schalotten andünsten.*

KÜRBISEINTOPF
MIT KARTOFFELN

ZUTATEN FÜR 4 PERSONEN

+ 1 Hokkaidokürbis (ca. 1,2 kg)
+ 300 g kleine festkochende Kartoffeln
+ 1 Stange Lauch
+ 3 Knoblauchzehen
+ 1 EL Butter
+ 600 ml Rinderbrühe
+ Salz • Pfeffer aus der Mühle
+ 1 Msp. Chilipulver
+ 3 EL gehackte Petersilie

ZUBEREITUNG

01. Vom Kürbis mit einem scharfen Messer einen nicht zu kleinen Deckel abschneiden. Die Kerne mit einem Löffel entfernen und das Kürbisfleisch herauslösen, dabei einen etwa 1½ cm dicken Rand stehen lassen. (Vorsicht: Kürbiswand nicht verletzen!) Den Kürbis ausspülen und bis zur Weiterverwendung mit warmem Wasser füllen.

02. Das Kürbisfleisch in mundgerechte Würfel schneiden. Die Kartoffeln waschen und halbieren. Den Lauch putzen, waschen und in Ringe schneiden. Den Knoblauch schälen und in feine Würfel schneiden. Die Butter in einem großen Topf erhitzen und den Knoblauch darin andünsten. Den Kürbis, die Kartoffeln und den Lauch dazugeben und kurz mitdünsten.

03. Die Brühe angießen, aufkochen und das Gemüse bei mittlerer Hitze etwa 20 Minuten bissfest garen. Den Eintopf mit Salz, Pfeffer und Chili würzen und die Petersilie untermischen. Das Wasser aus dem ausgehöhlten Kürbis entfernen und den Kürbiseintopf darin anrichten.

KÜRBISSUPPE
MIT SAURER SAHNE

ZUTATEN FÜR 6–8 PERSONEN

+ 1 Muskatkürbis (ca. 5 kg)
+ 1 Zwiebel
+ 2 Knoblauchzehen
+ 1 mehligkochende Kartoffel
+ 2 EL Butter
+ 1 TL geriebener Ingwer
+ 1 EL Currypulver
+ 200 ml trockener Weißwein
+ 2 l Hühnerbrühe
+ 200 g Sahne
+ Salz • Pfeffer aus der Mühle
+ frisch geriebene Muskatnuss
+ 1 EL Kürbiskernöl

ZUBEREITUNG

01.   Vom Kürbis mit einem scharfen Messer einen Deckel abschneiden. Die Kerne mit einem Löffel entfernen und das Kürbisfleisch herauslösen, dabei einen etwa 3 cm dicken Rand stehen lassen. (Vorsicht: Kürbiswand nicht verletzen!) Den Kürbis ausspülen und bis zur Weiterverwendung mit warmem Wasser füllen.

02.   Das Kürbisfleisch in grobe Würfel schneiden. Die Zwiebel und den Knoblauch schälen und in feine Würfel schneiden. Die Kartoffel schälen, waschen und in kleine Würfel schneiden. Die Butter in einem großen Topf erhitzen und Zwiebel und Knoblauch darin andünsten.

Kürbis und Kartoffel dazugeben und kurz mitdünsten. Ingwer und Currypulver untermischen, mit Wein ablöschen und die Brühe angießen. Alles etwa 20 Minuten köcheln lassen.

03.   Die Kürbissuppe mit dem Stabmixer pürieren und die Sahne untermixen. Gegebenenfalls noch etwas Brühe dazugeben. Die Suppe mit Salz, Pfeffer und Muskatnuss abschmecken. Das Wasser aus dem ausgehöhlten Kürbis entfernen und die Kürbissuppe darin anrichten. Mit dem Kürbiskernöl beträufelt servieren.

CHILI CON KÜRBIS
MIT PAPRIKA UND HACKFLEISCH

ZUBEREITUNG

01. Von den Kürbissen mit einem scharfen Messer jeweils einen Deckel abschneiden. Die Kerne mit einem Löffel entfernen und das Kürbisfleisch herauslösen, dabei einen etwa 1 cm dicken Rand stehen lassen. (Vorsicht: Kürbiswand nicht verletzen!) Die Kürbisse ausspülen und bis zur Weiterverwendung mit warmem Wasser füllen.

02. Das Kürbisfleisch in mundgerechte Würfel schneiden. Die Zwiebeln und den Knoblauch schälen und in feine Würfel schneiden. Die Paprika- und Chilischoten längs halbieren, entkernen und waschen. Die Paprika in Stücke, die Chilis in feine Würfel schneiden.

03. Das Öl in einem großen Topf erhitzen und die Zwiebeln und den Knoblauch darin andünsten. Das Hackfleisch dazugeben und bei starker Hitze krümelig anbraten. Mit Salz und Pfeffer würzen. Das Tomatenmark, die Kürbiswürfel, die Paprikastücke und die Chiliwürfel dazugeben und kurz mitbraten. Die Brühe dazugießen.

04. Das Chili con Kürbis mit Chilipulver würzen und zugedeckt bei schwacher Hitze etwa 30 Minuten köcheln lassen. Mit Salz und Pfeffer abschmecken. Das Wasser aus den ausgehöhlten Kürbissen entfernen und das Chili con Kürbis darin anrichten.

ZUTATEN
FÜR 4 PERSONEN

+ **4 kleine Moschuskürbisse (à ca. 500 g)**
+ **2 Zwiebeln**
+ **3 Knoblauchzehen**
+ **je 1 rote und grüne Paprikaschote**
+ **2 rote Chilischoten**
+ **2 EL Öl**
+ **500 g Rinderhackfleisch**
+ **Salz • Pfeffer aus der Mühle**
+ **2 EL Tomatenmark**
+ **1 l Rinderbrühe**
+ **1 EL Chilipulver**

SCHWARZWURZEL-CAPPUCCINO
MIT GERÄUCHERTER ENTENBRUST

ZUBEREITUNG

01. Die Schwarzwurzeln waschen und schälen (dabei am besten Einweghandschuhe tragen!), in feine Würfel schneiden und sofort in Zitronenwasser legen, damit sie sich nicht verfärben.

02. Die Zwiebel schälen und in feine Würfel schneiden. Die Kartoffeln schälen, waschen und in kleine Würfel schneiden.

03. Das Öl in einem Topf erhitzen, die abgetropften Schwarzwurzeln und die Zwiebel darin andünsten. Mit dem Wein ablöschen, die Brühe angießen und mit Salz und Pfeffer würzen. Die Schwarzwurzeln bei mittlerer Hitze etwa 30 Minuten weich garen.

04. Anschließend die Schwarzwurzelsuppe mit dem Stabmixer fein pürieren. Die Crème fraîche unterrühren und die Suppe mit Salz, Pfeffer und 1 Prise Muskatnuss abschmecken, dann die Petersilie unterrühren.

05. Die Milch erwärmen und mit dem Stabmixer aufschäumen. Die Entenbrust in hauchdünne Scheiben schneiden, auf Tellern anrichten und mit der Feigenmarmelade beträufeln.

06. Die Schwarzwurzel-Cremesuppe in vier Gläser füllen, den Milchschaum darauf verteilen und zur Entenbrust servieren.

ZUTATEN
FÜR 4 PERSONEN

+ 400 g Schwarzwurzeln
+ 2 EL Zitronensaft
+ 1 Zwiebel
+ 250 g mehligkochende Kartoffeln
+ 2 EL Öl
+ 100 ml trockener Weißwein
+ ca. 800 ml Gemüsebrühe
+ Salz
+ weißer Pfeffer aus der Mühle
+ 100 g Crème fraîche
+ frisch geriebene Muskatnuss
+ 2 EL gehackte Petersilie
+ 150 ml Milch
+ 300 g geräucherte Entenbrust
+ 4 EL Feigenmarmelade

TIPP — *Man kann die Muskatnuss auch ganz fein über den fertigen Cappuccino reiben, anstatt sie unter die Suppe zu mischen. Und statt Entenbrust können Sie Kräuterbutter-Röstbrote dazu servieren.*

PASTINAKENSUPPE
MIT SCHELLFISCH UND SAHNE

ZUTATEN FÜR 4 PERSONEN

+ 400 g Pastinaken
+ 1 Zwiebel
+ 1 EL Butter
+ 600 ml Gemüsebrühe
+ 250 g Schellfischfilet (ohne Haut)
+ 1 EL Olivenöl
+ Salz • Pfeffer aus der Mühle
+ 100 g Sahne
+ 2 EL Crème fraîche
+ frisch gemahlene Muskatnuss
+ 2 EL Petersilienblätter (in feinen Streifen)

ZUBEREITUNG

01. Die Pastinaken putzen, schälen und in kleine Würfel schneiden. Die Zwiebel schälen und in feine Würfel schneiden. Die Butter in einem großen Topf erhitzen und die Zwiebelwürfel darin andünsten. Die Pastinakenwürfel dazugeben und kurz mitdünsten. Die Brühe angießen und alles bei schwacher Hitze etwa 30 Minuten köcheln lassen.

02. Den Backofen auf 120 °C vorheizen. Das Schellfischfilet waschen und trocken tupfen. Mit dem Olivenöl beträufeln, mit Salz und Pfeffer würzen und auf einen ofenfesten Teller legen. Im Ofen auf der mittleren Schiene 10 bis 15 Minuten gar ziehen lassen.

03. Die Sahne halb steif schlagen. Die Pastinakensuppe mit dem Stabmixer fein pürieren und die Crème fraîche untermixen. Die Suppe mit Salz, Pfeffer und Muskatnuss würzen und auf Suppenteller oder -schälchen verteilen. Das Fischfilet mit einer Gabel in mundgerechte Stücke zerteilen und in der Suppe anrichten. Mit Sahne und Petersilie garniert servieren.

PASTINAKENSUPPE
MIT SCHALOTTEN UND CURRY

ZUTATEN FÜR 4 PERSONEN

+ **400 g Pastinaken**
+ **1 festkochende Kartoffel**
+ **1 l Gemüsebrühe**
+ **2 Schalotten**
+ **1 EL Butterschmalz**
+ **1–2 TL Currypulver**
+ **Salz**
+ **50 g Sahne**
+ **2 EL gehackte Petersilie**

ZUBEREITUNG

01. Die Pastinaken putzen und schälen, die Kartoffel schälen und waschen. Beides in kleine Würfel schneiden.

02. Die Gemüsewürfel mit der Brühe in einen großen Topf geben, aufkochen und bei schwacher Hitze etwa 15 Minuten weich garen. Mit dem Stabmixer fein pürieren.

03. Die Schalotten schälen und in feine Würfel schneiden. Das Butterschmalz in einem zweiten Topf erhitzen und die Schalotten darin weich dünsten. Das Currypulver

dazugeben und unter Rühren kurz anrösten. Die Pastinakensuppe hinzufügen und aufkochen lassen.

04. Die Pastinakensuppe mit Salz und Sahne abschmecken, in Suppentellern oder -schälchen anrichten und mit Petersilie bestreut servieren.

SAUERKRAUTSUPPE
MIT RINDFLEISCH UND MÖHREN

ZUBEREITUNG

01. Das Suppengemüse putzen, waschen bzw. schälen und grob zerkleinern. Das Rindfleisch waschen, trocken tupfen und mit Salz und Pfeffer würzen. 1 EL Butter in einer Pfanne erhitzen und das Fleisch darin rundum anbraten. Vom Herd nehmen.

02. Knochen waschen und mit 1½ l kaltem Wasser in einem großen Topf aufkochen lassen, den dabei aufsteigenden Schaum mit dem Schaumlöffel abnehmen. Das Suppengemüse, die Lorbeerblätter, die Gewürznelken und das Rindfleisch zur Flüssigkeit geben und bei schwacher Hitze etwa 1½ Stunden köcheln lassen.

03. Inzwischen die Möhren und die Petersilienwurzeln putzen und schälen. Den Lauch putzen und waschen, die Zwiebeln schälen. Das Gemüse in kleine Würfel schneiden.

04. Die restliche Butter in einem Topf erhitzen und die Gemüsewürfel darin andünsten. Sauerkraut abtropfen lassen, dazugeben, mit Mehl bestäuben und unter Rühren 2 bis 3 Minuten anbraten. Das Tomatenmark dazugeben und kurz mitbraten.

05. Das Rindfleisch aus der Suppe nehmen, die Brühe durch ein feines Sieb gießen und zum Sauerkraut geben. Die Sauerkrautsuppe zugedeckt bei mittlerer Hitze etwa 40 Minuten köcheln lassen.

06. Das Rindfleisch in kleine Würfel schneiden. Die Sauerkrautsuppe mit Salz und Pfeffer abschmecken und auf Suppenteller oder -schälchen verteilen. Die Fleischwürfel darin anrichten und mit je 1 EL Crème fraîche und nach Belieben mit frischem Majoran garnieren.

ZUTATEN
FÜR 4 PERSONEN

+ **2 Bund Suppengemüse**
+ **250 g Suppenfleisch (vom Rind)**
+ **Salz • Pfeffer aus der Mühle**
+ **2 EL Butter**
+ **250 g Kalbsknochen**
+ **2 Lorbeerblätter**
+ **2 Gewürznelken**
+ **3 Möhren**
+ **3 Petersilienwurzeln**
+ **1 kleine Stange Lauch**
+ **3 Zwiebeln**
+ **500 g Sauerkraut (aus der Dose)**
+ **2 EL Mehl**
+ **2 EL Tomatenmark**
+ **4 EL Crème fraîche**

BÜNDNER GERSTENSUPPE
MIT SELLERIE UND WIRSING

ZUBEREITUNG

01. Die Möhren, den Sellerie und die Kartoffeln putzen bzw. schälen und in sehr kleine Würfel schneiden. Den Lauch, das Selleriegrün und die Wirsingblätter putzen, waschen und in feine Streifen schneiden. Die Zwiebel schälen, mit dem Lorbeerblatt belegen und mit der Gewürznelke spicken.

02. Die Butter in einem großen Topf erhitzen. Das Gemüse darin andünsten, die Gerste dazugeben und kurz mitdünsten. Die Brühe angießen und mit Salz und Pfeffer würzen.

03. Die gespickte Zwiebel, den Speck sowie das Schweine- und Rindfleisch dazugeben und die Suppe zugedeckt bei schwacher Hitze etwa 2 Stunden köcheln lassen. Den dabei aufsteigenden Schaum mit dem Schaumlöffel abnehmen.

04. Das Fleisch, den Speck und die gespickte Zwiebel aus der Suppe nehmen. Das Fleisch klein schneiden und wieder zur Suppe geben. Die Gerstensuppe nochmals mit Salz und Pfeffer abschmecken und in Suppentellern oder -schälchen anrichten.

ZUTATEN
FÜR 6 PERSONEN

+ **2 Möhren**
+ **125 g Knollensellerie**
+ **2 festkochende Kartoffeln**
+ **2 Stangen Lauch**
+ **etwas Staudenselleriegrün**
+ **4—5 Wirsingblätter**
+ **1 Zwiebel**
+ **1 Lorbeerblatt**
+ **1 Gewürznelke**
+ **1 EL Butter**
+ **80 g Rollgerste (Graupen)**
+ **2 l Rinderbrühe**
+ **Salz • Pfeffer aus der Mühle**
+ **125 g durchwachsener geräucherter Speck**
+ **300 g geräuchertes Schweinefleisch**
+ **200 g geräuchertes Rindfleisch**

TIPP — *Diese Suppe ist ideal für ein winterliches Partybüfett. Und wenn Sie den Gemüseanteil noch erhöhen, erhalten Sie einen deftigen Eintopf. Reichen Sie dazu am besten frisch gebackenes Schwarzbrot.*

BORSCHTSCH
MIT RINDFLEISCH

ZUTATEN FÜR 4 PERSONEN

+ 1 Bund Suppengemüse
+ 500 g mageres Suppenfleisch (vom Rind)
+ 2 kleine Rote Beten (ca. 300 g; geschält, in feinen Streifen)
+ 2 EL Öl • 1 EL Zucker
+ 1 EL Essig • 100 g Tomatenmark
+ 2 Zwiebeln • 2 Möhren
+ 1 Petersilienwurzel • 25 g Butter
+ 2 festkochende Kartoffeln
+ ¼ Kopf Weißkohl (ca. 350 g)
+ 2 Knoblauchzehen
+ 5 schwarze Pfefferkörner
+ 2 Lorbeerblätter • Salz

ZUBEREITUNG

01. Das Suppengemüse putzen, waschen bzw. schälen und klein schneiden. Mit dem Fleisch in einen großen Topf geben, 2 l Wasser hinzufügen, aufkochen und bei schwacher Hitze 1½ Stunden köcheln lassen. Den dabei aufsteigenden Schaum abnehmen. Anschließend das Fleisch aus der Brühe nehmen, abkühlen lassen und in Würfel schneiden. Die Brühe beiseitestellen.

02. Rote Beten im Öl andünsten. Zucker, Essig und Tomatenmark unterrühren und das Gemüse zugedeckt etwa 30 Minuten dünsten.

03. Zwiebeln, Möhren und Petersilienwurzel putzen, schälen und grob raspeln. Das Gemüse in der Butter anbraten, dann beiseitestellen. Die Kartoffeln und den Weißkohl schälen bzw. putzen und waschen, Kartoffeln in Würfel, Kohl in Streifen schneiden. Beides in der beiseitegestellten Brühe zugedeckt 15 Minuten garen.

04. Knoblauch schälen und in feine Würfel schneiden. Mit restlichem Gemüse, Pfefferkörnern und Lorbeerblättern in die Brühe geben. Alles weitere 10 Minuten köcheln lassen. Mit Salz abschmecken. Die Fleischwürfel kurz im Borschtsch erwärmen.

ROTE KOHLSUPPE
MIT STEAKSTREIFEN

ZUTATEN FÜR 4 PERSONEN

+ **4 Frühlingszwiebeln**
+ **½ Kopf Spitzkohl (ca. 400 g)**
+ **4 kleine Rote Beten (ca. 600 g; gegart und geschält)**
+ **2 Rindersteaks (à ca. 200 g)**
+ **2 EL Öl**
+ **800 ml Rinderbrühe**
+ **Salz • Pfeffer aus der Mühle**
+ **1 Spritzer Rotweinessig**
+ **gemahlener Kümmel**
+ **1 Bund Schnittlauch**
+ **4 EL saure Sahne**

ZUBEREITUNG

01. Die Frühlingszwiebeln putzen, waschen und in feine Ringe schneiden. Spitzkohl putzen, waschen, halbieren und in feine Streifen schneiden oder hobeln. Die Roten Beten in kleine Würfel schneiden.

02. Die Steaks waschen, trocken tupfen und in dünne Streifen schneiden. Das Öl in einem Topf erhitzen und die Steakstreifen darin kurz auf beiden Seiten anbraten. Herausnehmen und die Frühlingszwiebeln und den Spitzkohl im verbliebenen Bratfett andünsten.

03. Mit der Brühe ablöschen, die Rote-Bete-Würfel dazugeben und bei schwacher Hitze 10 Minuten köcheln lassen. Die Steakstreifen wieder dazugeben und die Suppe mit Salz, Pfeffer, Essig und Kümmel abschmecken.

04. Den Schnittlauch waschen, trocken schütteln und in Röllchen schneiden. Die Kohlsuppe in Suppentellern oder -schälchen anrichten und mit je 1 EL saurer Sahne sowie den Schnittlauchröllchen garniert servieren.

STECKRÜBENSUPPE
MIT HÄHNCHEN UND MÖHREN

ZUBEREITUNG

01. Die Steckrübe und die Möhren putzen und schälen, die Steckrübe in mundgerechte Stücke, die Möhren in Scheiben schneiden. Die Zwiebel und den Knoblauch schälen, die Zwiebel in feine Würfel schneiden, den Knoblauch ganz lassen.

02. Das Öl in einem Topf erhitzen, die Zwiebel und den Knoblauch darin andünsten. Die Steckrüben- und Möhrenstücke dazugeben und kurz mitdünsten. Mit Salz und Pfeffer würzen und die Brühe angießen. Alles bei schwacher Hitze etwa 10 Minuten leise köcheln lassen.

03. Inzwischen den Lauch putzen, waschen und schräg in Ringe schneiden. Das Hähnchenbrustfilet waschen, trocken tupfen und in mundgerechte Stücke schneiden. Den Lauch und die Hähnchenstücke zur Suppe geben und etwa 10 Minuten darin gar ziehen lassen. Falls nötig, noch etwas Brühe hinzufügen.

04. Zum Schluss die Petersilie untermischen und die Steckrübensuppe mit Salz und Pfeffer abschmecken. Auf tiefe Teller verteilen und mit dem Kerbel garniert servieren.

TIPP — *Für Hühnerbrühe 1 Suppenhuhn mit gewürfeltem Suppengemüse, 1 halbierten, an den Schnittflächen gerösteten Zwiebel, Salz, Pfeffer und 3 l Wasser aufkochen. 2 bis 3 Stunden köcheln lassen.*

ZUTATEN
FÜR 4 PERSONEN

+ **400 g Steckrübe**
+ **2 Möhren**
+ **1 kleine Zwiebel**
+ **1 Knoblauchzehe**
+ **2 EL Öl**
+ **Salz • Pfeffer aus der Mühle**
+ **ca. 800 ml Hühnerbrühe (am besten selbst gemacht; siehe Tipp)**
+ **1 Stange Lauch**
+ **400 g Hähnchenbrustfilet**
+ **1 EL gehackte Petersilie**
+ **einige Stiele Kerbel**

SPITZKOHL-MÖHREN-EINTOPF
MIT KASSELER

ZUBEREITUNG

01. Den Lauch putzen, waschen und in feine Ringe schneiden. Die Zwiebel schälen und in feine Würfel schneiden. Den Thymian waschen und trocken tupfen.

02. Den Backofen auf 100°C vorheizen. In einem großen Topf die Brühe mit 1 l Wasser zum Kochen bringen. Den Lauch, die Zwiebel, Thymian, Pfefferkörner, Lorbeerblatt und ½ TL Salz hinzufügen, das Fleisch hineingeben und darin bei schwacher Hitze etwa 15 Minuten ziehen lassen. Dann das Fleisch herausnehmen und zugedeckt im Ofen warm halten.

03. Die Brühe durch ein Sieb gießen und erneut aufkochen. Die Kartoffeln schälen, waschen und in mundgerechte Stücke schneiden. Die Kartoffelstücke in der Brühe 10 bis 15 Minuten garen.

04. Inzwischen den Kohlrabi putzen, schälen und in Stifte schneiden. Vom Spitzkohl die äußeren Blätter und den Strunk entfernen. Den Kohl waschen und in breite Streifen schneiden. Die Möhren putzen, schälen und in Scheiben schneiden. Das Gemüse zu den Kartoffeln geben und etwa 10 Minuten mitgaren.

05. Das Kasseler aus dem Ofen nehmen und in dünne Scheiben, dann in breite Streifen schneiden. Die Kasslerstreifen zum Eintopf geben, nochmals erhitzen und mit Salz und Pfeffer abschmecken. Den Spitzkohl-Möhren-Eintopf mit den Kerbelblättern garniert servieren.

ZUTATEN
FÜR 4 PERSONEN

+ 1 Stange Lauch
+ 1 Zwiebel
+ 1 Zweig Thymian
+ ¼ l Gemüsebrühe
+ 10 weiße Pfefferkörner
+ 1 Lorbeerblatt
+ Salz
+ 400 g Kasseler (am Stück; ohne Knochen)
+ 500 g kleine Kartoffeln
+ 1 kleiner Kohlrabi
+ 500 g Spitzkohl
+ 250 g junge Möhren
+ Pfeffer aus der Mühle
+ Kerbelblätter zum Garnieren

TOPINAMBUR-KARTOFFEL-SUPPE
MIT STEINPILZEN UND SPECK

ZUBEREITUNG

01. Für die Gemüsechips das Öl in einem kleinen Topf auf 170 °C erhitzen und die Gemüsescheiben darin portionsweise knusprig braun frittieren. Herausnehmen, auf Küchenpapier abtropfen lassen und mit Salz bestreuen.

02. Für die Suppe die Zwiebel schälen und in feine Würfel schneiden. Topinambur waschen, gründlich abbürsten oder dünn schälen und klein schneiden. Die Kartoffeln schälen, waschen und in kleine Würfel schneiden.

03. Das Öl in einem Topf erhitzen, Zwiebelwürfel, Topinamburstücke und Kartoffelwürfel darin andünsten. Die Brühe angießen und alles bei mittlerer Hitze etwa 30 Minuten köcheln lassen.

04. Die Sahne und die Crème fraîche zur Suppe geben und weitere 5 Minuten köcheln lassen. Die Suppe mit dem Stabmixer fein pürieren und nach Belieben durch ein Sieb passieren. Mit Salz und Pfeffer abschmecken.

05. Die Steinpilze putzen, trocken abreiben und in Scheiben schneiden. Den Speck in Stücke schneiden, in einer Pfanne ohne Fett kross braten, aus der Pfanne nehmen und beiseitestellen.

06. Die Butter in der Pfanne erhitzen, die Pilzscheiben darin kurz anbraten und mit Salz und Pfeffer würzen. Die Topinambur-Kartoffel-Suppe auf Suppenteller oder -schälchen verteilen und mit den Steinpilzen, den Speckstücken und den Gemüsechips garniert servieren.

ZUTATEN
FÜR 4 PERSONEN

FÜR DIE GEMÜSECHIPS:
+ ½ l Öl zum Ausbacken
+ ca. 100 g fein gehobelte Gemüsescheiben (z. B. Möhre oder Pastinake)
+ Salz

FÜR DIE SUPPE:
+ 1 Zwiebel
+ 250 g Topinambur
+ 200 g mehligkochende Kartoffeln
+ 2 EL Öl
+ 650 ml Hühnerbrühe
+ 250 g Sahne
+ 50 g Crème fraîche
+ Salz • Pfeffer aus der Mühle
+ 200 g kleine Steinpilze
+ 3 Scheiben Frühstücksspeck (Bacon)
+ 2 EL Butter

SPANISCHER EINTOPF
MIT STECKRÜBEN UND CHORIZO

ZUBEREITUNG

01. Das Hähnchen innen und außen waschen und trocken tupfen. Die Keulen und Brustfilets samt Flügelansatz abtrennen. Die Keulen in den Gelenken, die Brustfilets quer durchschneiden. Das Fleisch in einer Schüssel mit Salz, Pfeffer und Paprikapulver würzen. Den Knoblauch schälen und in feine Würfel schneiden. Die Paprika längs halbieren, entkernen, waschen und in mundgerechte Stücke schneiden. Beides zum Fleisch geben.

02. Steckrübe, Kartoffeln und Möhren schälen und in mundgerechte Stücke schneiden. Die Zwiebeln schälen und in dünne Ringe schneiden. Den Rosmarin waschen und trocken tupfen. 3 EL Öl in einem Bräter erhitzen und die Hähnchenteile darin mit Knoblauch, Rosmarin und Paprikastücken 5 Minuten rundum anbraten. Würste dazugeben und 2 bis 3 Minuten mitbraten. Alles herausnehmen.

03. Steckrübe, Kartoffeln, Möhren und Zwiebeln im Bräter in 2 EL Öl nur leicht anbraten. Mit dem Weißwein ablöschen, den Fond und 200 ml Wasser angießen. Hähnchenkeulen, Paprika, Rosmarin und Knoblauch auf das Gemüse legen und mit schräg aufgelegtem Deckel 30 Minuten garen.

04. Backofen auf 180 °C vorheizen. Garnelen schälen, dabei Kopf und Schwanzstück stehen lassen. Garnelen am Rücken entlang einschneiden und den schwarzen Darm entfernen. Garnelen waschen, trocken tupfen und mit dem Lauch im restlichen Öl kurz anbraten. Mit Salz würzen. Petersilie und Pinienkerne im Blitzhacker zerkleinern, mit Paniermehl und Zitronenschale mischen.

05. Würste und Hähnchenbrüste wieder zum Eintopf geben. Den Eintopf im Ofen auf der untersten Schiene offen weitere 10 Minuten garen. Dann Garnelen und Lauch darauf verteilen. Alles mit der Bröselmischung bestreuen. Weitere 10 Minuten garen, bis die Brösel knusprig sind.

ZUTATEN FÜR 6 PERSONEN

+ 1 Hähnchen (ca. 1,2 kg; küchenfertig)
+ Salz • Pfeffer aus der Mühle
+ 2 TL Paprikapulver (edelsüß)
+ 3 Knoblauchzehen
+ 1 rote Paprikaschote
+ 700 g Steckrübe
+ 200 g festkochende Kartoffeln
+ 150 g Möhren
+ 120 g Zwiebeln
+ 3 Zweige Rosmarin
+ 7 EL Öl
+ 6 Chorizowürste (span. Paprikawürste)
+ 50 ml trockener Weißwein
+ 400 ml Geflügelfond
+ 6 Riesengarnelen
+ 1 kleine Stange Lauch (in dünnen Ringen)
+ 2 EL gehackte Petersilie
+ 1 EL Pinienkerne
+ 2 EL Paniermehl
+ 1 TL abgeriebene Bio-Zitronenschale

GEMÜSE-
HAUPTGERICHTE

WEISSKOHL-CURRY
MIT KARTOFFELN UND ERBSEN

ZUBEREITUNG

01. Den Weißkohl putzen, waschen, halbieren und den Strunk entfernen. Die Weißkohlviertel in feine Streifen schneiden oder hobeln. Die Kartoffeln schälen, waschen und in kleine Würfel schneiden. Die Tomaten waschen, vierteln und entkernen. Die Tomatenviertel in kleine Würfel schneiden. Die Erbsen in kochendem Salzwasser kurz blanchieren, in ein Sieb abgießen und abtropfen lassen.

02. Das Öl im Wok oder in einer tiefen Pfanne erhitzen und die Kartoffelwürfel darin unter Rühren etwa 10 Minuten goldbraun braten. Herausnehmen und beiseitestellen. Die Weißkohlstreifen im verbliebenen Bratfett kurz anbraten. Die Lorbeerblätter, den Ingwer, 1 TL Garam Masala und die Kurkuma untermischen.

03. Die Kartoffelwürfel wieder dazugeben und etwa 100 ml Wasser dazugießen. Das Gemüse bei schwacher Hitze etwa 10 Minuten dünsten (gegebenenfalls noch etwas Wasser oder Gemüsebrühe hinzufügen). Die Erbsen und die Tomatenwürfel dazugeben und alles weitere 5 Minuten dünsten, bis das Gemüse gar ist, aber noch Biss hat.

04. Das Weißkohl-Curry mit restlichem Garam Masala, Salz und Chilipulver abschmecken und auf Tellern oder in Schälchen anrichten. Dazu passt sehr gut Basmatireis.

―――――

TIPP — *Garam Masala ist eine indische Gewürzmischung. Wie bei Currypulver gibt es unzählige Rezepturen; in der Regel sind Kreuzkümmel, Koriander, Kardamom, Gewürznelken, Pfeffer und Zimt enthalten.*

ZUTATEN
FÜR 4 PERSONEN

+ ½ Kopf Weißkohl (ca. 500 g)
+ 2 festkochende Kartoffeln
+ 2 Tomaten
+ 100 g Erbsen (tiefgekühlt)
+ Salz
+ 2 EL Öl
+ 2 Lorbeerblätter
+ 1 TL geriebener Ingwer
+ ca. 2 TL Garam Masala (ind. Gewürzmischung)
+ 1 TL gemahlene Kurkuma
+ Chilipulver

SAUERKRAUTKÜCHLEIN
MIT LINSEN-MAIS-SALAT

ZUBEREITUNG

01. Für den Linsensalat die Linsen in einem Sieb waschen. Die Linsen in einem Topf mit etwa 1½ l Wasser zum Kochen bringen und zugedeckt bei mittlerer Hitze etwa 25 Minuten garen.

02. Inzwischen die Zucchini putzen, schälen und in sehr kleine Würfel schneiden. Den Mais auf einem Sieb abtropfen lassen. Die Paprikaschoten längs halbieren, entkernen, waschen und in sehr kleine Würfel schneiden. Die Petersilie waschen und trocken schütteln, die Blätter abzupfen und grob hacken.

03. Den Essig mit dem Ahornsirup, Salz und Pfeffer verrühren, das Öl nach und nach unterschlagen. Die Linsen abgießen, abtropfen lassen und mit dem Gemüse, der Petersilie und der Vinaigrette mischen.

04. Für die Sauerkrautküchlein das Sauerkraut ausdrücken, klein schneiden und in eine Schüssel geben. Die Kartoffeln pellen und durch die Kartoffelpresse zum Sauerkraut drücken. Das Mehl und die Eigelbe dazugeben und alles gut mischen.

05. Das Kassler in sehr kleine Würfel schneiden und unter die Sauerkrautmasse heben. So viel Sahne dazugeben, dass die Masse geschmeidig und formbar, aber nicht zu weich wird. Mit Salz und Pfeffer würzen. Mit angefeuchteten Händen aus der Sauerkrautmasse Küchlein formen und auf ein feuchtes Brett legen.

06. Das Butterschmalz in einer großen Pfanne erhitzen und die Sauerkrautküchlein darin auf beiden Seiten anbraten. Dann bei mittlerer Hitze 6 bis 8 Minuten fertig braten, dabei gelegentlich wenden. Die Sauerkrautküchlein mit dem Linsen-Mais-Salat servieren. Dazu passt ein Senfdip.

ZUTATEN FÜR 4 PERSONEN

FÜR DEN LINSENSALAT:
+ **250 g gelbe Linsen**
+ **1 kleine gelbe Zucchini**
+ **250 g Maiskörner (aus der Dose)**
+ **2 rote Paprikaschoten**
+ **1 Bund Petersilie**
+ **4 EL Obstessig**
+ **1 TL Ahornsirup**
+ **Salz • Pfeffer aus der Mühle**
+ **80 ml Öl**

FÜR DIE SAUERKRAUT-KÜCHLEIN:
+ **300 g frisches Sauerkraut**
+ **2–3 große mehligkochende Kartoffeln (gegart)**
+ **100 g Mehl**
+ **1–2 Eigelb**
+ **125 g geräuchertes gekochtes Kassler**
+ **1–2 EL Sahne**
+ **Salz • Pfeffer aus der Mühle**
+ **2–3 EL Butterschmalz**

WOKGEMÜSE
MIT WIRSING UND PILZEN

ZUTATEN FÜR 4 PERSONEN

+ ½ Kopf Wirsing (ca. 500 g)
+ 1 große Möhre
+ 1 rote Paprikaschote
+ 8 Baby-Maiskolben (aus dem Glas)
+ 150 g kleine Shiitakepilze
+ 100 g Mu-Err-Pilze (aus dem Glas)
+ 150 g Sojabohnensprossen
+ 300 g Basmatireis
+ Salz
+ 4 EL Öl
+ Sojasauce
+ Fischsauce
+ Pfeffer aus der Mühle

ZUBEREITUNG

01. Den Wirsing putzen, waschen, vierteln und in grobe Streifen schneiden. Die Möhre putzen, schälen und in etwa 1 cm dicke Scheiben schneiden. Die Paprika längs halbieren, entkernen, waschen und in Streifen schneiden. Die Maiskolben trocken tupfen und längs halbieren. Die Shiitakepilze putzen und trocken abreiben. Die Mu-Err-Pilze in ein Sieb abgießen und abtropfen lassen. Die Sprossen überbrühen und ebenfalls abtropfen lassen.

02. Den Reis unter fließendem kaltem Wasser gründlich waschen und nach Packungsanweisung in Salzwasser garen.

03. Das Öl im heißen Wok oder in einer tiefen Pfanne erhitzen und die Möhre und die Paprika darin anbraten. Nacheinander den Wirsing, die Maiskolben, beide Pilzsorten und die Sprossen dazugeben und bissfest braten. Das Wokgemüse mit Soja- und Fischsauce sowie Pfeffer abschmecken und mit Basmatireis servieren.

ROSENKOHLGEMÜSE
MIT GLASNUDELN UND SPROSSEN

ZUTATEN FÜR 4 PERSONEN

+ **500 g Rosenkohl**
+ **Salz**
+ **ca. 200 g Glasnudeln**
+ **2 Möhren**
+ **1 orangefarbene Paprikaschote**
+ **1 rote Chilischote**
+ **100 g Sojabohnensprossen**
+ **1 rote Zwiebel**
+ **2 EL Öl**
+ **2 EL helle Sesamsamen**
+ **1 TL flüssiger Honig**
+ **Sojasauce**
+ **Fischsauce**

ZUBEREITUNG

01. Den Rosenkohl putzen, waschen und den Strunk jeweils kreuzweise einschneiden. In reichlich Salzwasser 10 Minuten bissfest garen, abgießen, kalt abschrecken und abtropfen lassen.

02. Die Glasnudeln in einer Schüssel mit kochendem Wasser übergießen und etwa 10 Minuten quellen lassen. Abgießen, mit warmem Wasser abbrausen und kurz abtropfen lassen.

03. Die Möhren putzen, schälen und in feine Streifen schneiden. Die Paprika längs halbieren, entkernen, waschen und ebenfalls in Streifen schneiden. Die Chilischote entkernen, waschen und in feine Ringe schneiden. Die Sprossen überbrühen und abtropfen lassen. Die Zwiebel schälen und in feine Ringe schneiden.

04. Das Öl im heißen Wok oder in einer tiefen Pfanne erhitzen und die Möhren- und Paprikastreifen darin anbraten. Rosenkohl dazugeben und etwa 4 Minuten mitbraten. Chilischote, Sprossen, Sesamsamen und Honig untermischen und das Rosenkohlgemüse mit Soja- und Fischsauce abschmecken. Mit Glasnudeln anrichten und mit Zwiebelringen garniert servieren.

MINI-KÜRBISAUFLAUF
MIT SPECK UND MARONEN

ZUBEREITUNG

01. Den Kürbis schälen und die Kerne mit einem Löffel entfernen. Das Kürbisfleisch in kleine Würfel schneiden. 2 EL Butter in einer Pfanne erhitzen und die Kürbiswürfel darin rundum andünsten. Mit dem Weißwein ablöschen und zugedeckt bei schwacher Hitze etwa 15 Minuten garen. Dann die Crème fraîche unterrühren. Das Kürbisgemüse mit Salz, Pfeffer und Worcestersauce abschmecken.

02. Die Kürbiskerne grob hacken, in einer Pfanne ohne Fett anrösten, herausnehmen und beiseitestellen. Die Maronen ebenfalls grob hacken. Die Schalotte schälen und in feine Würfel schneiden. Den geräucherten Speck ebenfalls in feine Würfel schneiden. Die restliche Butter in der Pfanne erhitzen und die Schalotten- und Speckwürfel darin anbraten. Herausnehmen und beiseitestellen.

03. Den Backofen auf 200°C vorheizen. 4 Metallringe (à etwa 10 cm Durchmesser) auf ein tiefes Backblech stellen. Mit den Speckscheiben die Innenseiten der Ringe auskleiden. Die Hälfte der Kürbismasse in die Ringe geben, nacheinander die Hälfte der Kürbiskerne, der Maronen und der Speck-Schalotten-Mischung darauf verteilen. Den Vorgang wiederholen.

04. Den Parmesan fein reiben und mit den Eiern und der Sahne verrühren. Mit Salz und Pfeffer würzen und über den Mini-Aufläufen verteilen. Die Aufläufe im Ofen auf der mittleren Schiene etwa 30 Minuten goldbraun backen. Zum Servieren die Mini-Kürbisaufläufe auf Teller setzen und die Metallringe vorsichtig entfernen.

ZUTATEN
FÜR 4 PERSONEN

+ 1 kg Muskatkürbis
+ 3 EL Butter
+ 150 ml trockener Weißwein
+ 150 g Crème fraîche
+ Salz • Pfeffer aus der Mühle
+ Worcestersauce
+ 30 g Kürbiskerne
+ 50 g geschälte Maronen (vakuumverpackt)
+ 1 Schalotte
+ 200 g durchwachsener geräucherter Speck
+ ca. 12 Scheiben Frühstücksspeck (Bacon)
+ 50 g Parmesan (am Stück)
+ 2 Eier
+ 100 g Sahne

ROSENKOHL
MIT GORGONZOLA UND ZITRONE

ZUTATEN FÜR 4 PERSONEN

+ **1½ kg Rosenkohl**
+ **Salz**
+ **1 Bio-Zitrone**
+ **2 Zwiebeln**
+ **50 g durchwachsener Räucherspeck**
+ **50 g Walnusskerne**
+ **2 EL Öl**
+ **150 g Gorgonzola**
+ **Pfeffer aus der Mühle**
+ **frisch geriebene Muskatnuss**

ZUBEREITUNG

01. Den Rosenkohl putzen, waschen und den Strunk jeweils kreuzförmig einschneiden. Die Röschen in kochendem Salzwasser 10 Minuten bissfest garen.

02. Die Zitrone heiß waschen, trocken reiben und die Schale in feinen Streifen abziehen. Den Saft auspressen. Die Zwiebeln schälen. Eine Zwiebel in feine Würfel, die andere in schmale Spalten schneiden. Den Speck in sehr feine Würfel schneiden. Die Walnüsse grob hacken.

03. Das Öl in einer Pfanne erhitzen und die Zwiebelspalten hellbraun anbraten. Heraus-nehmen und beiseitestellen. Den Speck mit den Zwiebelwürfeln im Bratfett leicht braun anbraten.

04. Den Gorgonzola in Würfel schneiden, mit den Nüssen unter die Speck-Zwiebeln mischen und den Käse etwas schmelzen lassen.

05. Den Rosenkohl in ein Sieb abgießen und gut abtropfen lassen. Rosenkohl, Zwiebelspalten und Speck-Zwiebeln mischen und mit Salz, Pfeffer, Muskatnuss und Zitronensaft abschmecken. Mit den Zitronenzesten garniert servieren.

SCHWARZWURZEL-QUICHE
MIT TOMATEN UND ZIEGENKÄSE

ZUTATEN FÜR 1 SPRINGFORM

FÜR DEN BODEN:

+ **200 g Vollkornmehl • 2 TL Salz**
+ **1 TL getrockneter Rosmarin • 1 Ei**
+ **150 g kalte Butter (in Stücken)**
+ **Mehl für die Arbeitsfläche**
+ **Öl für die Form**

FÜR DEN BELAG:

+ **1 Stange Lauch**
+ **170 g Cocktailtomaten**
+ **600 g Schwarzwurzeln**
+ **3 EL Essig • 220 g saure Sahne**
+ **3 Eier**
+ **je ½ TL gemahlener Kümmel und Koriander**
+ **250 g Ziegenkäserolle (in Scheiben)**

ZUBEREITUNG

01. Für den Boden Mehl, Salz, Rosmarin, Ei und die Butterstücke zu einem Mürbeteig verkneten. In Folie gewickelt etwa 1 Stunde kühl stellen.

02. Für den Belag den Lauch putzen, waschen und längs in Stücke schneiden. Die Tomaten waschen und halbieren. Die Schwarzwurzeln unter fließendem kaltem Wasser gründlich abbürsten und schälen (dabei am besten Einweghandschuhe tragen!), längs halbieren, in etwa 5 cm lange Stücke schneiden und sofort in Essigwasser legen. Dann die Schwarzwurzeln in kochendem Salzwasser etwa 5 Minuten garen.

03. Den Backofen auf 200 °C vorheizen. Den Teig auf der bemehlten Arbeitsfläche kreisförmig ausrollen, eine gefettete Springform (26 cm Durchmesser) damit auskleiden, dabei einen Rand formen. Den Boden mit einer Gabel mehrmals einstechen.

04. Sahne mit Eiern, Kümmel und Koriander verquirlen. Schwarzwurzeln, Lauch und Tomaten abwechselnd in die Form schichten. Eierguss darübergießen und Ziegenkäse darauf verteilen. Die Quiche im Ofen auf der mittleren Schiene etwa 1 Stunde backen. Falls nötig, mit Alufolie abdecken. Die Quiche herausnehmen und in Stücke geschnitten servieren.

GRÜNKOHL
MIT METTWURST

ZUBEREITUNG

01. Die Kohlblätter von den Stielen streifen und klein zupfen. Die Blätter gründlich waschen und in kochendem Salzwasser 5 Minuten blanchieren. Abgießen, kalt abschrecken, gut abtropfen lassen und klein hacken.

02. Die Zwiebeln schälen und in feine Würfel schneiden. Das Schmalz in einem großen Topf erhitzen und die Zwiebeln darin andünsten. Den Kohl zu den Zwiebeln geben und kurz mitdünsten. Die Wurst in große Stücke schneiden, mehrmals mit einem kleinen Holzspieß einstechen und ebenfalls dazugeben.

03. Die Brühe dazugießen und alles zugedeckt bei schwacher Hitze etwa 30 Minuten garen. Die Wurst herausnehmen und den Kohl 1 weitere Stunde garen.

04. Die Kartoffeln schälen, waschen, halbieren und in Salzwasser etwa 20 Minuten garen. Abgießen und ausdampfen lassen.

05. Nach Ende der Garzeit den Grünkohl mit den Haferflocken binden und mit Salz, Pfeffer und Piment abschmecken. Die Wurst und die Kartoffeln dazugeben und kurz erwärmen. Die Wurst und die Kartoffeln können auch getrennt zum Grünkohl serviert werden.

ZUTATEN
FÜR 4 PERSONEN

+ **2 kg Grünkohl**
+ **Salz**
+ **3 Zwiebeln**
+ **4 EL Schweineschmalz (oder Gänseschmalz)**
+ **500 g geräucherte Mettwurst (am Stück)**
+ **½ l Rinderbrühe**
+ **750 g mehligkochende Kartoffeln**
+ **2 EL zarte Haferflocken**
+ **Pfeffer aus der Mühle**
+ **½ TL Pimentkörner (grob zerstoßen)**

TIPP — *Grünkohl wird auch Braunkohl genannt und ist, wie oben beschrieben zubereitet, eine typisch norddeutsche Spezialität. Je nach Region isst man dazu Kochwürste, Kasseler, Pinkel oder Bregenwurst.*

SAUERKRAUT-PIROGGEN

MIT HACKFLEISCH

ZUTATEN FÜR 4–6 PERSONEN

+ **400 g Mehl**
+ **Salz**
+ **3 Eigelb**
+ **100 g saure Sahne**
+ **210 g Butter**
+ **1 EL Öl**
+ **1 Zwiebel (in feinen Würfeln)**
+ **1 Knoblauchzehe (in feinen Würfeln)**
+ **250 g gemischtes Hackfleisch**
+ **150 g Sauerkraut (aus der Dose)**
+ **Pfeffer aus der Mühle**
+ **Mehl für die Arbeitsfläche**
+ **1 Eiweiß**

ZUBEREITUNG

01. Mehl auf die Arbeitsfläche häufen und eine Mulde hineindrücken. 1 Prise Salz darüberstreuen. Die Eigelbe mit der sauren Sahne verrühren und in die Mulde geben. 200 g Butter in kleinen Stücken hinzufügen. Alles mit kühlen Händen rasch zu einem Mürbeteig verkneten. Den Teig in Frischhaltefolie gewickelt etwa 30 Minuten kühl stellen.

02. Restliche Butter und Öl in einer Pfanne erhitzen und Zwiebel und Knoblauch darin andünsten. Das Hackfleisch dazugeben und krümelig braten. Das Sauerkraut abtropfen lassen, untermischen und die Masse mit Salz und Pfeffer würzen.

03. Den Backofen auf 200 °C vorheizen. Den Teig auf der bemehlten Arbeitsfläche zu einem Rechteck ausrollen und auf die untere Hälfte im Abstand von 8 cm je 1 EL Füllung setzen. Rundum mit verquirltem Eiweiß bestreichen. Die zweite Teighälfte darüberklappen, die Ränder um die Füllung herum andrücken und quadratische Piroggen ausschneiden. Auf ein mit Backpapier ausgelegtes Backblech setzen und im Ofen auf der mittleren Schiene etwa 25 Minuten goldbraun backen.

KÜRBISPIZZA
MIT SPARGEL UND MOZZARELLA

ZUTATEN FÜR 4 PERSONEN

+ **400 g Mehl**
+ **1 Päckchen Trockenhefe**
+ **Salz • 1 TL Zucker**
+ **4 EL Olivenöl • 1 Aubergine**
+ **je 1 Schalotte und Knoblauchzehe (beides in feinen Würfeln)**
+ **500 g Kürbisfleisch (in Würfeln)**
+ **1 TL Tomatenmark**
+ **100 ml Gemüsebrühe**
+ **1 TL Aceto balsamico**
+ **Pfeffer aus der Mühle**
+ **500 g grüner Spargel (geschält und in Stücken)**
+ **2—3 Mozzarellakugeln (à 125 g; in Scheiben)**

ZUBEREITUNG

01. Mehl mit Hefe, 1 TL Salz und Zucker mischen. 3 EL Olivenöl und etwa 180 ml warmes Wasser dazugeben und alles zu einem glatten Hefeteig verkneten. Den Teig zugedeckt an einem warmen Ort etwa 40 Minuten gehen lassen.

02. Die Aubergine waschen, längs vierteln und quer in 1 cm dicke Scheiben schneiden. Mit Salz bestreuen, Wasser ziehen lassen und trocken tupfen. Schalotte, Knoblauch und Kürbis im restlichen Öl andünsten, Tomatenmark dazugeben und mit der Brühe ablöschen. Zugedeckt etwa 15 Minuten sämig

einköcheln lassen. Mit Essig, Salz und Pfeffer würzen und abkühlen lassen. Spargelköpfe beiseitelegen, restliche Spargelstücke in Salzwasser 4 Minuten blanchieren, abgießen, abschrecken und abtropfen lassen.

03. Backofen auf 180 °C Umluft vorheizen. Teig vierteln und ausrollen. Je 2 Böden auf mit Backpapier ausgelegte Backbleche legen und die Kürbissauce darauf verteilen, dabei einen 2 cm breiten Rand frei lassen. Mit Aubergine, sämtlichen Spargelstücken und Käse belegen. Pizzen mit Salz und Pfeffer würzen und im Ofen etwa 12 Minuten goldbraun backen.

NUDELFLECKERL
MIT SPITZKOHL

ZUBEREITUNG

01. Für die Nudelfleckerl das Mehl, den Grieß, die Eier, das Eigelb, das Olivenöl und 1 Prise Salz zu einem glatten, elastischen Teig verkneten. Den Teig in Frischhaltefolie wickeln und etwa 30 Minuten kühl stellen.

02. Den Teig mithilfe der Nudelmaschine oder dem bemehlten Nudelholz dünn ausrollen. Aus der Teigplatte mit dem gezackten Teigrad Quadrate von 3 bis 4 cm Seitenlänge schneiden. Die Nudelfleckerl in reichlich Salzwasser 3 Minuten sehr bissfest garen. In ein Sieb abgießen und abtropfen lassen.

03. Für den Spitzkohl vom Kohl die äußeren Blätter und den Strunk entfernen. Die restlichen Blätter waschen, trocken schütteln und in 2 bis 3 cm große Rauten schneiden. Das Öl in einer Pfanne erhitzen und den Spitzkohl darin bei mittlerer Hitze anbraten. Den Puderzucker darüberstäuben und leicht karamellisieren. Mit der Brühe ablöschen und mit Salz und Pfeffer würzen.

04. Die Nudelfleckerl dazugeben und etwa 2 Minuten erwärmen. Mit Salz, Pfeffer, 1 Prise Kümmel und dem Paprikapulver abschmecken. Die Butter unterrühren. Die Nudelfleckerl mit Spitzkohl in tiefen Tellern anrichten.

ZUTATEN FÜR 4 PERSONEN

FÜR DIE NUDELFLECKERL:
+ **250 g Mehl**
+ **100 g Hartweizengrieß**
+ **3 Eier**
+ **1 Eigelb**
+ **2–3 EL Olivenöl**
+ **Salz**
+ **Mehl zum Ausrollen**

FÜR DEN SPITZKOHL:
+ **¼ Kopf Spitzkohl (ca. 300 g)**
+ **2 EL Öl**
+ **1 TL Puderzucker**
+ **100 ml Gemüsebrühe**
+ **Salz • Pfeffer aus der Mühle**
+ **gemahlener Kümmel**
+ **½ TL Paprikapulver (edelsüß)**
+ **2 EL kalte Butter**

BANDNUDELN
MIT PASTINAKENGEMÜSE

ZUBEREITUNG

01. Die Pastinaken putzen, schälen und der Länge nach in dünne Scheiben schneiden oder auf der Gemüsereibe hobeln. Den Kohl putzen, waschen, halbieren und in schmale Streifen schneiden.

02. Die Butter in einer Pfanne erhitzen, die Pastinaken und den Kohl darin andünsten. Mit dem Wein ablöschen und mit geschlossenem Deckel etwa 5 Minuten schmoren. Das Gemüse mit Salz und Pfeffer würzen.

03. Die Nudeln in reichlich kochendem Salzwasser nach Packungsanleitung bissfest garen.

04. Den Feldsalat verlesen, waschen und trocken schleudern. Den Salat und die Pistazien mit dem Stabmixer pürieren. Nach und nach so viel Olivenöl dazugeben, bis ein sämiges Pesto entsteht. Das Pesto mit Salz und Pfeffer würzen, mit etwas Orangensaft abschmecken und den Parmesan untermischen.

05. Die Nudeln in ein Sieb abgießen, abtropfen lassen und unter das Gemüse mischen. Die Bandnudeln mit dem Pastinakengemüse auf Teller verteilen und mit dem Pesto beträufeln.

TIPP — *Einen ähnlichen Geschmack, aber etwas mehr Farbe erzielen Sie mit Möhren, die Sie einfach mit dem Sparschäler in lange Streifen schneiden und etwa 2 Minuten mit den Bandnudeln mitgaren.*

ZUTATEN
FÜR 4 PERSONEN

+ **300 g Pastinaken**
+ **200 g Weißkohl**
+ **2 EL Butter**
+ **70 ml trockener Weißwein**
+ **Salz • Pfeffer aus der Mühle**
+ **400 g Bandnudeln**
+ **100 g Feldsalat**
+ **50 g Pistazien**
+ **ca. 50 ml Olivenöl**
+ **Orangensaft**
+ **2 EL geriebener Parmesan**

TORTELLINI-KÜRBIS-AUFLAUF
MIT SALBEI UND PARMESAN

ZUBEREITUNG

01. Die Frühlingszwiebeln putzen, waschen und in feine Ringe schneiden. Den Kürbis in mundgerechte Würfel schneiden. 2 EL Olivenöl in einer Pfanne erhitzen und die Frühlingszwiebeln darin andünsten. Aus der Pfanne nehmen und beiseitestellen. Das restliche Olivenöl in der Pfanne erhitzen und die Kürbiswürfel darin rundum kurz andünsten.

02. Den Backofen auf 180 °C vorheizen. Eine Auflaufform einfetten. Den Parmesan fein reiben, die Salbeiblätter waschen und trocken tupfen. 2 Blätter fein hacken, den Rest für die Deko beiseitelegen.

03. Die Eier trennen. Die Eigelbe mit der Sahne, der Milch und dem gehackten Salbei verrühren und mit Salz und Pfeffer würzen. Die Eiweiße sehr steif schlagen und mit 100 g Parmesan vorsichtig unter die Eiersahne heben.

04. Die Tortellini, die Kürbiswürfel und die Frühlingszwiebeln in der Auflaufform verteilen und die Parmesan-Eier-Sahne darübergießen. Den Auflauf mit dem restlichen Parmesan bestreuen und im Ofen auf der mittleren Schiene 30 bis 40 Minuten goldbraun backen. Mit Salbei bestreut servieren.

ZUTATEN
FÜR 4 PERSONEN

+ **2 Frühlingszwiebeln**
+ **400 g Kürbisfleisch (z. B. Hokkaidokürbis)**
+ **3 EL Olivenöl**
+ **Fett für die Form**
+ **200 g Parmesan (am Stück)**
+ **10 Salbeiblätter**
+ **4 Eier**
+ **100 g Sahne**
+ **300 ml Milch**
+ **Salz • Pfeffer aus der Mühle**
+ **400 g grüne Tortellini (aus dem Kühlregal)**

TIPP — *Frische Tortellini gibt es mit Hackfleisch- oder vegetarischer Füllung. Sie haben gegenüber den getrockneten Tortellini den Vorteil, dass man sie vor der Verwendung für den Auflauf nicht garen muss.*

KÄSESPÄTZLE
MIT SAUERKRAUT

ZUTATEN FÜR 4–6 PERSONEN

+ **400 g Mehl**
+ **5 Eier**
+ **frisch geriebene Muskatnuss**
+ **Salz**
+ **4 Zwiebeln**
+ **3 EL Butter**
+ **200 g Emmentaler (am Stück)**
+ **1 Schalotte**
+ **200 g Sahne**
+ **200 g Sauerkraut (aus der Dose)**
+ **Pfeffer aus der Mühle**
+ **2 EL Schnittlauch (in Stücken)**

ZUBEREITUNG

01. Mehl mit Eiern, 100 ml Wasser, 1 Msp. Muskatnuss und etwas Salz zu einem zähen Teig verarbeiten und 5 Minuten ruhen lassen.

02. Die Zwiebeln schälen und in feine Ringe schneiden. 2 EL Butter in einer Pfanne erhitzen und die Zwiebelringe darin bei schwacher Hitze unter gelegentlichem Rühren goldbraun rösten.

03. Den Spätzleteig portionsweise mit dem Spätzlehobel oder der Spätzlepresse in reichlich kochendes Salzwasser hobeln bzw. pressen.

04. Die Spätzle aufkochen lassen, mit dem Schaumlöffel herausnehmen und auf einem Sieb abtropfen lassen.

05. Den Emmentaler fein reiben. Die Schalotte schälen, in feine Würfel schneiden und in einem Topf in der restlichen Butter andünsten. Mit der Sahne ablöschen und etwas einkochen lassen. Das Sauerkraut abtropfen lassen und mit den Spätzle dazugeben. Den Käse untermischen und die Spätzle mit Muskatnuss und Pfeffer würzen. Die Käse-Sauerkraut-Spätzle mit Röstzwiebeln und Schnittlauch garniert servieren.

NUDELFLECKERL
MIT WEISSKOHL UND SPECK

ZUTATEN FÜR 4 PERSONEN

+ 1 Rezept Nudelfleckerl (siehe S. 82)
+ Mehl zum Ausrollen
+ Salz
+ ½ Kopf Weißkohl (ca. 600 g)
+ 1 Zwiebel
+ 100 g durchwachsener geräucherter Speck
+ 1 EL Öl
+ 1 EL Puderzucker
+ 1 EL Weißweinessig
+ ½ TL ganzer Kümmel
+ Pfeffer aus der Mühle
+ 150 g Hüttenkäse

ZUBEREITUNG

01. Den Teig für die Nudelfleckerl, wie auf S. 82 beschrieben, zubereiten und 30 Minuten kühl stellen. Dann den Teig dünn ausrollen und Quadrate von 2 bis 3 cm Seitenlänge ausschneiden. Die Nudelfleckerl in reichlich Salzwasser 3 Minuten sehr bissfest garen, in ein Sieb abgießen und abtropfen lassen.

02. Den Weißkohl putzen, halbieren und den Strunk entfernen. Weißkohl in die einzelnen Blätter teilen, diese von den groben Blattrippen befreien, waschen, trocken schütteln und in Quadrate von 2 bis 3 cm Seitenlänge schneiden.

03. Die Zwiebel schälen und in feine Würfel schneiden. Den Speck ebenfalls in feine Würfel schneiden.

04. Das Öl in einer großen Pfanne erhitzen und den Speck darin anbraten. Den Puderzucker darüberstäuben und karamellisieren. Die Zwiebel dazugeben, etwa 2 Minuten mitbraten und mit dem Essig ablöschen. Weißkohl und Kümmel untermischen und zugedeckt bei mittlerer Hitze etwa 20 Minuten bissfest schmoren. Falls nötig, etwas Wasser dazugeben. Die Nudelfleckerl untermischen, erwärmen und mit Salz und Pfeffer würzen. Die Nudelfleckerl mit Hüttenkäse anrichten.

KOHLROULADEN
AUF KLASSISCHE ART

ZUBEREITUNG

01. Die Weißkohlblätter in kochendem Salzwasser kurz blanchieren. Herausnehmen, die Blattrippen flach schneiden und die Blätter mit Küchenpapier trocken tupfen.

02. Das Toastbrot entrinden, in Würfel schneiden und in einer Schüssel in der Milch einweichen. Die Zwiebel schälen und in feine Würfel schneiden. Die Butter in einer Pfanne erhitzen und die Zwiebelwürfel darin bei schwacher Hitze andünsten. Das Ei mit dem Senf und der Zitronenschale verquirlen.

03. Das eingeweichte Toastbrot gut ausdrücken und mit den beiden Hackfleischsorten, den Zwiebelwürfeln, dem verquirlten Ei und der Petersilie mischen. Die Masse mit Salz, Pfeffer und 1 Prise Majoran würzen. Je ein Viertel der Füllung zu einem länglichen Laibchen formen und jeweils auf 1 Kohlblatt setzen. Die Längsseiten der Blätter einschlagen, die Blätter von der schmalen Seite her aufrollen und nach Belieben mit Küchengarn festbinden (siehe Innenklappe hinten).

04. Das Öl in einer tiefen Pfanne erhitzen und die Kohlrouladen darin bei mittlerer Hitze zuerst auf der Nahtseite, dann rundum anbraten und herausnehmen. Die Pfanne vom Herd nehmen und den Bratensatz mit der Brühe ablöschen. Die Kohlrouladen wieder hineinsetzen und zugedeckt bei schwacher Hitze etwa 30 Minuten schmoren.

05. Die Kohlrouladen aus der Sauce nehmen. Die Sahne dazugeben, aufkochen und etwas einkochen lassen. Die Sauce mit Salz und Pfeffer würzen und nach Belieben mit etwas angerührter Speisestärke binden. Die Kohlrouladen in der Sauce anrichten. Dazu passen Petersilienkartoffeln.

ZUTATEN
FÜR 4 PERSONEN

+ **4 große Blätter Weißkohl**
+ **Salz**
+ **60 g Toastbrot**
+ **100 ml lauwarme Milch**
+ **½ Zwiebel**
+ **1 EL Butter**
+ **1 Ei**
+ **1 TL scharfer Senf**
+ **abgeriebene Schale von ½ Bio-Zitrone**
+ **je 200 g Kalbs- und Schweinehackfleisch**
+ **1 EL gehackte Petersilie**
+ **Pfeffer aus der Mühle**
+ **getrockneter Majoran**
+ **2 EL Öl**
+ **400 ml Hühnerbrühe**
+ **ca. 100 g Sahne**

PENNE MIT KÜRBIS
UND GRÜNKOHL

ZUTATEN FÜR 4 PERSONEN

+ **600 g Grünkohl**
+ **Salz**
+ **600 g Eichelkürbisfleisch**
+ **1 kleine rote Chilischote**
+ **4 EL Butter**
+ **1 Spritzer trockener Weißwein**
+ **100 ml Gemüsebrühe**
+ **400 g Penne**
+ **frisch geriebene Muskatnuss**
+ **4 EL geriebener Parmesan**

ZUBEREITUNG

01. Die Kohlblätter von den Stielen streifen und klein zupfen. Die Blätter gründlich waschen. In kochendem Salzwasser 5 Minuten blanchieren. Abgießen, kalt abschrecken, gut abtropfen lassen und klein hacken. Das Kürbisfleisch in kleine Würfel schneiden. Die Chilischote längs halbieren, entkernen, waschen und in feine Würfel schneiden.

02. Die Butter in einer Pfanne erhitzen und den Grünkohl darin bei schwacher Hitze etwa 5 Minuten dünsten. Die Kürbis- und Chiliwürfel dazugeben und kurz mitdünsten.

Mit dem Weißwein ablöschen, die Brühe angießen und das Gemüse bei schwacher Hitze 10 bis 15 Minuten bissfest dünsten.

03. Inzwischen die Penne nach Packungsanweisung in reichlich kochendem Salzwasser bissfest garen und in ein Sieb abgießen. Das Gemüse mit Salz und Muskatnuss abschmecken, die tropfnassen Nudeln untermischen und kurz durchschwenken. Die Penne in tiefen Tellern oder Schälchen anrichten und mit dem Parmesan bestreuen.

KÜRBISLASAGNE
MIT ZIEGENKÄSE

ZUTATEN FÜR 4 PERSONEN

+ 1 Hokkaidokürbis (ca. 1 kg)
+ 2 EL Butter
+ 50 ml trockener Weißwein
+ 100 ml Gemüsebrühe
+ Salz • Pfeffer aus der Mühle
+ Chilipulver
+ frisch geriebene Muskatnuss
+ 16 Lasagneplatten
+ 2 EL Öl
+ 150 g geschälte Haselnusskerne
+ 1–2 Stiele Salbei
+ 200 g Ziegenfrischkäse

ZUBEREITUNG

01. Den Kürbis waschen, vierteln und die Kerne mit einem Löffel entfernen. Die Kürbisviertel in kleine Würfel schneiden. Die Butter in einem Topf erhitzen und die Kürbiswürfel darin rundum andünsten. Mit Weißwein und Brühe ablöschen, mit Salz, Pfeffer, 1 Msp. Chilipulver und Muskatnuss würzen und bei schwacher Hitze bissfest garen.

02. Inzwischen die Lasagneplatten in reichlich kochendem Salzwasser mit dem Öl bissfest garen, vorsichtig herausnehmen und nebeneinander auf ein Brett legen. Die Haselnüsse grob hacken und in einer Pfanne ohne Fett goldbraun rösten. Den Salbei waschen, trocken tupfen, die Blätter abzupfen und zerkleinern. Den Ziegenkäse zerbröckeln.

03. Den Backofen auf 130 °C vorheizen. Die Lasagne auf 4 ofenfeste Teller schichten: Dafür je 1 Nudelplatte auf die Teller legen, je ein Drittel Kürbiswürfel, Nüsse, Salbei und Käse darauflegen. Den Vorgang zweimal wiederholen und mit den restlichen Nudelplatten abschließen. Die Kürbislasagne im Ofen etwa 10 Minuten garen und sofort servieren.

ZU FISCH & FLEISCH

GEDÄMPFTER CATFISH
AUF WEISSKOHL

ZUBEREITUNG

01. Den Weißkohl putzen, waschen, vierteln und den Strunk entfernen. Die Weißkohlviertel in feine Streifen schneiden oder hobeln. Die Paprika und die Chilischote längs halbieren, entkernen, waschen und in feine Streifen schneiden. Die Schalotten schälen und in feine Ringe schneiden.

02. Die Erdnüsse grob hacken und in einer Pfanne ohne Fett goldbraun rösten. Das Öl im Wok oder in einer tiefen Pfanne erhitzen und die Kohl-, Paprika- und Chilistreifen sowie die Schalottenringe darin unter Rühren anbraten.

03. Das Catfishfilet waschen, trocken tupfen, mit Salz und Pfeffer würzen und in 4 gleich große Stücke schneiden. Auf das Gemüse legen und zugedeckt 4 bis 6 Minuten mitdünsten.

04. Die Fischstücke wieder vom Gemüse nehmen und das Weißkohlgemüse mit Sojasauce abschmecken. Mit dem Fisch auf Tellern anrichten und mit den Erdnüssen bestreuen.

––––––

TIPP — *Der Catfish, auch Seewolf genannt, ist ein Meeresfisch mit festem weißem Fleisch. Wer ihn nicht bekommt, kann ersatzweise Heilbutt- oder Rotbarschfilet verwenden.*

ZUTATEN
FÜR 4 PERSONEN

+ **1 kleiner Kopf Weißkohl (ca. 800 g)**
+ **1 rote Paprikaschote**
+ **1 rote Chilischote**
+ **2 Schalotten**
+ **4 EL ungesalzene Erdnüsse**
+ **4 EL Erdnussöl**
+ **600 g Catfishfilet (mit Haut)**
+ **Salz • Pfeffer aus der Mühle**
+ **helle Sojasauce**

HEILBUTT MIT ROTER BETE

IN MEERRETTICH-SAHNE-SAUCE

ZUTATEN FÜR 4 PERSONEN

+ **12 kleine festkochende Kartoffeln**
+ **Salz • 1 Schalotte • 4 EL Butter**
+ **2 EL Noilly Prat (franz. Wermut)**
+ **170 ml trockener Weißwein**
+ **150 ml Fischfond**
+ **4 Heilbuttfilets (à ca. 150 g; ohne Haut)**
+ **100 g Sahne • 2 EL Crème fraîche**
+ **1 EL Meerrettich (aus dem Glas)**
+ **Pfeffer aus der Mühle**
+ **1 Spritzer Zitronensaft**
+ **400 g Rote Beten (gegart)**
+ **2 EL Gemüsebrühe • Zucker**
+ **4 EL frisch gehobelter Meerrettich**

ZUBEREITUNG

01. Die Kartoffeln schälen, waschen und in Salzwasser etwa 20 Minuten garen. Inzwischen die Schalotte schälen und in feine Würfel schneiden. In 2 EL Butter andünsten, mit Noilly Prat und 150 ml Weißwein ablöschen und fast vollständig einkochen lassen. Den Fond angießen, aufkochen lassen und vom Herd nehmen.

02. Den Backofen auf 80 °C vorheizen. Die Heilbuttfilets waschen, trocken tupfen und im Sud zugedeckt etwa 8 Minuten fast gar ziehen lassen. Herausnehmen und im Ofen warm halten.

03. Sahne und Crème fraîche unter den Sud rühren. Die Sauce nach Belieben etwas einkochen lassen. Den Meerrettich untermischen. Die Sauce mit Salz, Pfeffer und Zitronensaft abschmecken und durch ein Sieb passieren.

04. Rote Beten schälen, in dünne Stifte schneiden und in der restlichen Butter andünsten. Mit Brühe und restlichem Wein ablöschen und die Flüssigkeit vollständig verdampfen lassen. Mit Salz, Pfeffer und 1 Prise Zucker würzen. Fischfilets mit gegarten Kartoffeln und Roten Beten anrichten. Sauce schaumig aufmixen und darübergießen, Meerrettichspäne darauf verteilen.

ZANDERFILET
AUF APFEL-SAUERKRAUT

ZUTATEN FÜR 4 PERSONEN

+ **4 Zanderfilets (à ca. 150 g; mit Haut)**
+ **2 EL Mehl**
+ **2 EL Olivenöl • 2 EL Butter**
+ **Salz • Pfeffer aus der Mühle**
+ **4 Scheiben durchwachsener geräucherter Speck**
+ **1 Schalotte**
+ **1 rotschaliger Apfel (z. B. Summerred)**
+ **je 50 ml trockener Weißwein und Apfelsaft**
+ **150 g Sahne**
+ **100 g Mascarpone**
+ **400 g Sauerkraut (aus der Dose)**
+ **1 Spritzer Zitronensaft**

ZUBEREITUNG

01. Die Zanderfilets waschen, trocken tupfen und die Hautseite mit dem Mehl bestäuben. Das Olivenöl und 1 EL Butter in einer Pfanne erhitzen und die Fischfilets darin auf der Hautseite etwa 4 Minuten goldbraun braten. Wenden, vom Herd nehmen und in der Resthitze gar ziehen lassen. Mit Salz und Pfeffer würzen.

02. Den Speck in einer Pfanne ohne Fett kross braten, herausnehmen und auf Küchenpapier abtropfen lassen. Die Schalotte schälen und in feine Würfel schneiden. Den Apfel waschen, vierteln und entkernen. Die Apfelviertel in feine Spalten schneiden.

03. Die restliche Butter in der Pfanne erhitzen und die Schalottenwürfel darin andünsten. Die Apfelspalten dazugeben und kurz mitdünsten. Mit Weißwein, Apfelsaft und Sahne ablöschen. Mascarpone unterrühren und alles etwas einkochen lassen. Das Sauerkraut dazugeben und in der Sauce erwärmen. Mit Salz, Pfeffer und Zitronensaft abschmecken.

04. Zanderfilets mit dem Apfel-Sauerkraut anrichten und mit Speck und nach Belieben mit Meerrettichspänen und Estragon garniert servieren.

SEETEUFELMEDAILLONS

MIT CURRY-SAHNE-WIRSING

ZUBEREITUNG

01. Die Kartoffeln schälen, waschen und in etwa 1 cm große Würfel schneiden. Den Wirsing putzen, in die einzelnen Blätter teilen, diese halbieren und dabei die Blattrippen entfernen. Die Blätter waschen, trocken schütteln und in feine Streifen schneiden. Den Schinken ebenfalls in feine Streifen schneiden.

02. In einem Topf 1 EL Olivenöl erhitzen und die Schinkenstreifen darin anbraten. Die Kartoffelwürfel, die Wirsingstreifen, Ingwer und Currypulver dazugeben und kurz mitbraten. Mit der Sahne und der Brühe ablöschen und zugedeckt bei schwacher Hitze etwa 10 Minuten dünsten.

03. Inzwischen das Seeteufelfilet waschen, trocken tupfen und in 8 gleich große Medaillons schneiden. Das restliche Olivenöl in einer Pfanne erhitzen und die Fischmedaillons darin auf beiden Seiten 1 bis 2 Minuten anbraten. Mit Salz und Pfeffer würzen, die Pfanne vom Herd nehmen und die Medaillons in der Resthitze glasig durchziehen lassen.

04. Den Curry-Sahne-Wirsing mit Thymian, Salz, Pfeffer und nach Belieben Muskatnuss abschmecken. Auf Teller verteilen und die Seeteufelmedaillons darauf anrichten.

ZUTATEN
FÜR 4 PERSONEN

+ **4 mittelgroße festkochende Kartoffeln**
+ **1 kleiner Kopf Wirsing (ca. 800 g)**
+ **200 g roher Schinken (in Scheiben)**
+ **4—5 EL Olivenöl**
+ **2 TL gehackter Ingwer**
+ **2 TL Currypulver**
+ **100 g Sahne**
+ **100 ml Gemüsebrühe**
+ **450 g Seeteufelfilet (ohne Haut)**
+ **Salz • Pfeffer aus der Mühle**
+ **2 TL gehackter Thymian**

———

TIPP — *Wer kein Fan von Currypulver ist, kann den Wirsing auch ohne zubereiten. Damit er dennoch die schöne gelbe Farbe erhält, kann man in der Sahnesauce einige Safranfäden auflösen.*

MEERRETTICHWIRSING
MIT GRÜNKOHL

ZUBEREITUNG

01. Den Wirsing putzen, in einzelne Blätter teilen, diese halbieren und dabei die Blattrippen entfernen. Die Grünkohlblätter von den Stielen streifen und in kleine Stücke zupfen. Beide Kohlsorten waschen.

02. Den Wirsing in kochendem Salzwasser etwa 10 Minuten bissfest blanchieren. In ein Sieb abgießen, kalt abschrecken und abtropfen lassen. Den Grünkohl in kochendem Salzwasser etwa 5 Minuten bissfest blanchieren. In ein Sieb abgießen, kalt abschrecken und abtropfen lassen.

03. Aus beiden Kohlsorten das überschüssige Wasser ausdrücken und die Wirsingblätter in breitere Streifen schneiden. Wirsing und Grünkohl mit der Brühe und der Sahne in einem Topf erhitzen. Den Meerrettich zum Gemüse geben und den Meerrettichwirsing mit Salz, Cayennepfeffer und Muskatnuss würzen.

———

TIPP — *Wer möchte, kann den Meerrettichwirsing noch mit 1 Msp. abgeriebener Bio-Orangenschale verfeinern und anstelle von normalem Meerrettich Sahnemeerrettich verwenden.*

ZUTATEN FÜR 4 PERSONEN

+ ½ Kopf Wirsing (ca. 600 g)
+ 400 g Grünkohl
+ Salz
+ 80 ml Gemüsebrühe
+ 120 g Sahne
+ 1–2 EL Meerrettich (aus dem Glas)
+ Cayennepfeffer
+ frisch geriebene Muskatnuss

SCHWARZWURZELGEMÜSE
MIT BUTTER UND PETERSILIE

ZUTATEN FÜR 4 PERSONEN

+ 800 g Schwarzwurzeln
+ 1 EL Mehl
+ 3 EL Weißweinessig
+ Salz
+ 200 ml Milch
+ 4 EL Butter
+ 50 ml Gemüsebrühe
+ Pfeffer aus der Mühle
+ ¼ TL Paprikapulver (edelsüß)
+ 1 EL gehackte Petersilie

ZUBEREITUNG

01. Die Schwarzwurzeln (mit Einweghandschuhen!) unter fließendem kaltem Wasser gründlich abbürsten und von den Enden zu den Spitzen hin dünn schälen. Die Schwarzwurzeln in 4 cm lange Stücke schneiden.

02. In einer großen Schüssel das Mehl, etwas Wasser und den Essig mischen und die Schwarzwurzelstücke hineingeben, damit sie sich nicht verfärben. 1 l leicht gesalzenes Wasser mit der Milch aufkochen. Die Schwarzwurzeln darin bei mittlerer Hitze 15 bis 20 Minuten sehr bissfest garen. Herausnehmen und abtropfen lassen.

03. Die Butter in einer Pfanne erhitzen und die Schwarzwurzeln darin kurz anbraten. Mit der Brühe ablöschen und das Gemüse noch etwa 5 Minuten dünsten. Mit Salz, Pfeffer und Paprika würzen. Die Petersilie untermischen und das Schwarzwurzelgemüse nach Belieben mit Petersilienblättern garniert servieren. Das Gemüse passt z.B. zu kurz gebratenem Fleisch und Salzkartoffeln.

BAYERISCHES KRAUT
MIT BIRNE

ZUTATEN FÜR 4 PERSONEN

+ ½ Kopf Weißkohl (ca. 500 g)
+ je 1 kleine Birne und Möhre
+ je 1 Zwiebel und Knoblauchzehe
+ 1 EL Öl
+ 1 Schuss Apfelsaft
+ 200 ml Gemüsebrühe
+ Salz
+ Cayennepfeffer
+ gemahlener Kümmel
+ 1 EL gehackte Petersilie
+ 1 EL Butter
+ 1 Spritzer Apfelessig

ZUBEREITUNG

01. Den Weißkohl putzen, die äußeren Blätter und den Strunk entfernen. Den Kohl in die einzelnen Blätter teilen, diese waschen, trocken schütteln und in Rauten schneiden. Die Birne schälen, vierteln und das Kerngehäuse entfernen. Die Birnenviertel in Stücke schneiden. Die Möhre putzen, schälen und in kleine Würfel schneiden.

02. Die Zwiebel und den Knoblauch schälen und in feine Würfel schneiden. Das Öl in einem Topf erhitzen und die Zwiebel- und Knoblauchwürfel darin bei mittlerer Hitze andünsten.

03. Die Kohlrauten dazugeben und kurz mitdünsten. Die Möhrenwürfel untermischen und mit dem Apfelsaft ablöschen. Die Brühe angießen und das Bayerische Kraut zugedeckt 15 bis 20 Minuten dünsten.

04. Dann die Birnenstücke dazugeben und alles weitere 10 Minuten dünsten. Das Bayerische Kraut mit Salz und je 1 Prise Cayennepfeffer und Kümmel würzen. Die Petersilie und die Butter unterrühren und das Kraut mit dem Essig abschmecken. Das Bayerische Kraut mit Birne passt zu Schweinebraten oder Schweinsbratwürsten.

KRÄUTER-PUTENBRATEN
MIT PETERSILIENWURZELN

ZUBEREITUNG

01. Den Knoblauch schälen und in feine Würfel schneiden. Die Kapern fein hacken. Petersilie und Salbei waschen und trocken schütteln, die Blätter abzupfen und mit dem Thymian fein hacken. Die Kräuter mit den Kapern und dem Knoblauch mischen. Die Putenbrust zuerst mit 2 EL Olivenöl, dann mit Salz, Pfeffer und der Kräutermischung kräftig einreiben und 1 Stunde ziehen lassen.

02. Das restliche Olivenöl in einem Bräter erhitzen und die Putenbrust darin rundum kräftig anbraten. Den Weißwein und den Fond angießen und das Fleisch zugedeckt bei schwacher Hitze etwa 50 Minuten schmoren.

03. Inzwischen die Petersilienwurzeln putzen, schälen und in kochendem Salzwasser 6 bis 8 Minuten blanchieren. In ein Sieb abgießen und abtropfen lassen. Die Butter in einer Pfanne zerlassen und die Petersilienwurzeln darin schwenken. Nach Belieben mit Salz und Pfeffer würzen.

04. Die gegarte Putenbrust aus dem Topf nehmen, in dünne Scheiben schneiden und diese im Schmorsud noch kurz ziehen lassen. Mit den Petersilienwurzeln auf Tellern anrichten.

ZUTATEN FÜR 4 PERSONEN

+ 3 Knoblauchzehen
+ 2 EL eingelegte Kapern
+ je ½ Bund Petersilie und Salbei
+ 1 EL Thymianblättchen
+ 750 g Putenbrust (am Stück)
+ 4 EL Olivenöl
+ Salz • Pfeffer aus der Mühle
+ je 200 ml trockener Weißwein und Geflügelfond
+ 1 kg kleinere Petersilienwurzeln
+ 1 EL Butter

TIPP — *Servieren Sie dazu z. B. griechische Reisnudeln, die Sie mit 3 bis 4 EL grünem Pesto (aus dem Glas) verfeinern können. Auch Kartoffelgratin oder Rosmarinkartoffeln passen als Beilage.*

GEBRATENE ENTE
MIT ROTKOHL UND KNÖDELN

ZUBEREITUNG

01. Für die Ente den Backofen auf 180°C vorheizen. Den Apfel waschen, vierteln und entkernen. Die Zwiebeln schälen und vierteln. Möhren und Sellerie putzen, schälen und in Stücke schneiden. Die Ente innen und außen waschen, trocken tupfen und mit Salz und Pfeffer würzen. Mit dem Apfel und einem Drittel der Zwiebeln füllen. Den Rosmarin waschen, trocken tupfen und mit in die Bauchhöhle geben. Die Öffnung mit kleinen Holzspießen verschließen.

02. Restliches Gemüse in einen Bräter geben, die Ente daraufsetzen und im Ofen etwa 30 Minuten braten. Fond dazugießen und die Ente etwa weitere 1½ Stunden schmoren lassen. Immer wieder mit Bratenfond begießen.

03. Inzwischen für den Rotkohl den Kohl putzen, waschen, vierteln und den Strunk entfernen. Die Rotkohlviertel in feine Streifen schneiden und hobeln. Puderzucker in einem Topf hell karamellisieren, Rotwein angießen und auf ein Drittel einkochen lassen. Rotkohl und Brühe hinzufügen. Die Zwiebel schälen, mit dem Lorbeerblatt belegen, mit den Gewürznelken spicken und zum Rotkohl geben. Den Kohl bei schwacher Hitze mindestens 1 Stunde garen.

04. Für die Knödel aus dem Kartoffelteig gleich große Klöße formen, in siedendes Salzwasser geben und bei schwacher Hitze etwa 25 Minuten ziehen lassen. Mit dem Schaumlöffel herausnehmen.

05. Orangenzesten und Zucker mischen. Die Ente aus dem Ofen nehmen, Brustfilets und Keulen auslösen. Backofengrill einschalten, Entenhaut mit Orangenzucker bestreuen und das Fleisch unter dem Grill kurz knusprig braten. Den Bratenfond passieren, Fett abschöpfen. Sauce mit Salz und Pfeffer würzen, nach Belieben binden. Spickzwiebel aus dem Kohl nehmen, Kohl mit Salz, Zucker und Essig würzen. Ente mit Sauce, Rotkohl und Knödeln servieren.

ZUTATEN
FÜR 4 PERSONEN

FÜR DIE ENTE:
+ 1 säuerlicher Apfel (z. B. Boskop)
+ 4 Zwiebeln
+ 2 Möhren
+ 200 g Knollensellerie
+ 1 Ente (ca. 2 ½ kg; küchenfertig)
+ Salz • Pfeffer aus der Mühle
+ 1 Zweig Rosmarin
+ ½ l Geflügelfond
+ Zesten von ½ Bio-Orange
+ 50 g Zucker

FÜR DEN ROTKOHL:
+ 1 kleiner Kopf Rotkohl (ca. 800 g)
+ 1 EL Puderzucker
+ 300 ml trockener Rotwein
+ 125 ml Gemüsebrühe
+ 1 Zwiebel
+ 1 Lorbeerblatt
+ 3 Gewürznelken
+ Salz • Zucker
+ 1 EL Aceto balsamico

FÜR DIE KNÖDEL:
+ 1 kg Kartoffelknödelteig (aus dem Kühlregal)
+ Salz

SCHWEINEROLLBRATEN
MIT WURZELGEMÜSE

ZUBEREITUNG

01. Den Backofen auf 160 °C vorheizen. Die Petersilien-wurzeln und die Möhren putzen, schälen und je nach Größe längs halbieren oder vierteln. Das Gemüse in einen Bräter legen.

02. Die Kräuter waschen und trocken schütteln, die Blät-ter bzw. Nadeln abzupfen und fein hacken. Die Schalotten und den Knoblauch schälen und in feine Würfel schneiden. Das Olivenöl mit den Kräutern, den Schalotten und dem Knoblauch verrühren. Das Fleisch ausrollen und mit drei Viertel der Kräutermasse bestreichen. Wieder aufrollen und mit Küchengarn fixieren.

03. Den Schweinerollbraten mit der restlichen Kräuter-masse einreiben, mit Salz und Pfeffer würzen und auf das Gemüse im Bräter legen. 200 ml Brühe angießen und den Braten im Ofen 1½ bis 2 Stunden schmoren. Dabei gele-gentlich mit der restlichen Brühe begießen und das Fleisch ab und zu wenden.

04. Den Schweinerollbraten aus dem Bräter nehmen, das Garn entfernen und den Braten vor dem Anschneiden etwas ruhen lassen. Das Gemüse ebenfalls aus dem Bräter nehmen und warm halten. Den Bratenfond durch ein Sieb gießen, mit Salz und Pfeffer würzen und nach Belieben etwas binden. Den Braten in Scheiben schneiden und mit dem Wurzelgemüse und der Sauce auf einer Platte oder im Bräter anrichten.

ZUTATEN
FÜR 6 PERSONEN

+ **500 g Petersilienwurzeln**
+ **4 Möhren**
+ **je 1 Bund Petersilie und Thymian**
+ **½ Bund Rosmarin**
+ **je 2 Schalotten und Knoblauchzehen**
+ **4 EL Olivenöl**
+ **1½ kg Schweinerollbraten (beim Metzger vorbestellen)**
+ **Salz • Pfeffer aus der Mühle**
+ **½ l Gemüsebrühe**

TIPP — *Zusätzlich können Sie noch 200 g geschälte Schalot-ten mit dem Schweinebraten mitgaren. Als weitere Beilage dazu passen Salzkartoffeln oder Kartoffelgratin und ein frischer Blattsalat.*

KARTOFFEL-ROSENKOHL-PFANNE
MIT SCHWEINEFLEISCH

ZUTATEN FÜR 4 PERSONEN

+ **500 g festkochende Kartoffeln**
+ **500 g Rosenkohl**
+ **Salz**
+ **400 g Schweinefleisch**
  (am Stück; z. B. aus der Oberschale)
+ **1 EL Öl**
+ **1 Zwiebel**
+ **100 ml trockener Weißwein**
+ **200 g Sahne**
+ **Pfeffer aus der Mühle**
+ **gehackte Petersilie**

ZUBEREITUNG

01. Die Kartoffeln schälen, waschen und in dicke Scheiben schneiden. Den Rosenkohl putzen, waschen und den Strunk jeweils kreuzweise einschneiden. Die Kartoffeln mit dem Rosenkohl in kochendem Salzwasser etwa 15 Minuten weich garen.

02. Das Fleisch waschen, trocken tupfen und in Würfel schneiden. Das Öl in einer Pfanne erhitzen, die Fleischwürfel darin rundum braun anbraten und wieder herausnehmen.

03. Die Zwiebel schälen und in feine Würfel schneiden. Kurz im Bratfett andünsten und

mit dem Wein ablöschen. Die Sahne hinzufügen und alles etwa 5 Minuten leicht sämig einköcheln lassen. Die Sahnesauce mit Salz und Pfeffer würzen.

04. Das Fleisch in der Sahnesauce bei schwacher Hitze etwa 5 Minuten gar ziehen lassen.

05. Das Gemüse in ein Sieb abgießen und vorsichtig unter die Sahne-Fleisch-Mischung heben. Die Kartoffel-Rosenkohl-Pfanne mit Petersilie bestreut servieren.

GESCHMORTE LAMMKEULE
MIT TOPINAMBUR UND KRÄUTERN

ZUTATEN FÜR 4 PERSONEN

+ **300 g Topinambur**
+ **500 g Schalotten**
+ **2 Knoblauchzehen**
+ **4 Lammkeulen (à ca. 350 g)**
+ **Salz • Pfeffer aus der Mühle**
+ **5 EL Olivenöl**
+ **1 EL Tomatenmark**
+ **¼ l trockener Rotwein**
+ **ca. 400 ml Lammfond**
+ **2 EL gehackte Minze**
+ **2 EL gehackter Thymian**
+ **4 Stiele Minze mit Blüten**

ZUBEREITUNG

01. Den Backofen auf 180 °C vorheizen. Die Topinamburknollen putzen und schälen. Die Schalotten und den Knoblauch schälen. Nach Belieben Schalotten und Topinamburknollen halbieren.

02. Das Fleisch waschen, trocken tupfen und mit Salz und Pfeffer würzen. Das Olivenöl in einer großen ofenfesten Pfanne erhitzen und die Lammkeulen darin rundum anbraten. Die Keulen herausnehmen und beiseitestellen.

03. Den Topinambur, die Schalotten, den Knoblauch und das Tomatenmark in der Pfanne etwa 5 Minuten anbraten. Die Lammkeulen wieder dazugeben und mit Wein und Fond ablöschen. Das Fleisch im Ofen auf der mittleren Schiene etwa 1½ Stunden schmoren. Das Fleisch immer wieder mit Fond übergießen.

04. Anschließend die Minze und den Thymian dazugeben und weitere 15 Minuten schmoren. Alles mit Salz und Pfeffer abschmecken und die Lammkeulen zusammen mit dem Topinambur und mit den Minzestielen garniert servieren.

RINDERFILET IN ROTWEINSAUCE
MIT GEBRATENEM ROTKOHL

ZUBEREITUNG

01. Die Schalotten schälen und in feine Würfel schneiden. Das Öl in einem Topf erhitzen und die Schalotten- und Gemüsewürfel darin anbraten. Das Tomatenmark dazugeben und kurz anrösten. Mit etwas Rotwein ablöschen und einkochen lassen. Den Vorgang wiederholen. Den restlichen Wein angießen und auf die Hälfte einkochen lassen. Die Brühe dazugeben und die Sauce bei schwacher Hitze etwa 10 Minuten köcheln lassen.

02. Die Sauce durch ein Sieb in einen zweiten Topf gießen, den Saucenlebkuchen fein zerkleinern, dazugeben und alles aufkochen lassen. Vom Herd nehmen und kurz durchziehen lassen. Die Sauce mit dem Stabmixer kräftig durchmixen, mit Salz und Pfeffer würzen und mit dem Essig abschmecken.

03. Das Rinderfilet waschen, trocken tupfen und in 12 gleich große Scheiben schneiden. In die heiße, aber nicht mehr kochende Sauce legen und 6 Minuten ziehen lassen.

04. Inzwischen den Rotkohl putzen, waschen, halbieren und den Strunk entfernen. Die Rotkohlviertel in feine Streifen schneiden oder hobeln. Das Butterschmalz in einer Pfanne erhitzen und die Rotkohlstreifen darin bei mittlerer Hitze unter Rühren leicht kross braten. Den Rotkohl mit Salz und Pfeffer würzen.

05. Die Rinderfiletscheiben aus der Sauce nehmen und die Sauce nochmals aufmixen. Das Rinderfilet mit der Sauce und dem gebratenen Rotkohl auf Tellern anrichten. Servieren Sie dazu z.B. die Kartoffelknödel von S. 108.

ZUTATEN
FÜR 4 PERSONEN

+ **2 Schalotten**
+ **1 EL Öl**
+ **je 50 g Möhren-, Knollensellerie- und Lauchwürfel**
+ **1 EL Tomatenmark**
+ **½ l trockener Rotwein**
+ **800 ml Rinderbrühe**
+ **1 Päckchen Saucenlebkuchen**
+ **Salz • Pfeffer aus der Mühle**
+ **1 Schuss Rotweinessig**
+ **ca. 700 g Rinderfilet**
+ **½ Kopf Rotkohl (ca. 500 g)**
+ **2 EL Butterschmalz**

RINDERFILETSTEAK
MIT STECKRÜBENGRATIN

ZUTATEN FÜR 4 PERSONEN

- 400 g Steckrübe
- 400 g mehligkochende Kartoffeln
- Fett für die Form
- 200 g Parmesan (am Stück)
- 1 Knoblauchzehe
- 400 g Sahne
- Salz • Pfeffer aus der Mühle
- 50 g Weißbrotbrösel
- 4 Rinderfiletsteaks (à ca. 160 g)
- 2 EL Öl
- 1 Schuss Cognac
- 100 ml Kalbsfond

ZUBEREITUNG

01. Den Backofen auf 180 °C vorheizen. Die Steckrübe und die Kartoffeln schälen und auf der Gemüsereibe in feine Scheiben hobeln. Eine kleine Auflaufform einfetten und die Steckrüben- und Kartoffelscheiben hineinschichten.

02. Parmesan fein reiben, Knoblauch schälen und in feine Würfel schneiden. Sahne mit 100 g Parmesan, Knoblauch, Salz und Pfeffer verrühren und über die Gemüsescheiben gießen. Den restlichen Parmesan mit den Bröseln mischen und das Gratin damit bestreuen. Im Ofen auf der mittleren Schiene etwa 40 Minuten goldbraun backen. Herausnehmen und warm halten.

03. Die Backofentemperatur auf 120 °C reduzieren. Ein Ofengitter auf die mittlere Schiene und darunter ein Abtropfblech schieben. Die Steaks waschen, trocken tupfen, mit Salz und Pfeffer würzen und in einer Pfanne im Öl auf beiden Seiten kurz anbraten. Im Ofen auf dem Ofengitter etwa 10 Minuten durchziehen lassen. Bratensatz in der Pfanne mit Cognac und Fond ablöschen, etwas einkochen lassen. Mit Salz und Pfeffer würzen. Die Steaks mit Steckrübengratin und Sauce anrichten.

RINDERFILETSTEAK
MIT TOPINAMBURPÜREE

ZUTATEN FÜR 4 PERSONEN

+ **800 g Topinambur**
+ **Salz**
+ **2 rote Zwiebeln**
+ **4 Rinderfiletsteaks (à ca. 180 g)**
+ **Pfeffer aus der Mühle**
+ **2 EL Öl**
+ **50 ml Milch**
+ **50 g Sahne**
+ **4 EL Butter**
+ **frisch geriebene Muskatnuss**

ZUBEREITUNG

01. Topinambur schälen, waschen und in grobe Stücke schneiden. In reichlich Salzwasser etwa 30 Minuten weich garen.

02. Den Backofen auf 120 °C vorheizen. Ein Ofengitter auf die mittlere Schiene und darunter ein Abtropfblech schieben. Die Zwiebeln schälen und in Viertel schneiden. Die Steaks waschen, trocken tupfen und mit Salz und Pfeffer würzen. Das Öl in einer Grillpfanne erhitzen und die Steaks darin auf beiden Seiten kurz anbraten. Aus der Pfanne nehmen, mit den Zwiebelvierteln auf das Ofengitter legen und im Ofen etwa 10 Minuten durchziehen lassen.

03. Die Topinamburstücke abgießen und ausdampfen lassen. Die Milch mit der Sahne und der Butter erhitzen, über die Topinamburstücke gießen und alles mit dem Kartoffelstampfer zu einem cremigen Püree stampfen. Topinamburpüree mit Salz und Muskatnuss abschmecken und mit den Rinderfiletsteaks und den Zwiebelvierteln auf Tellern anrichten.

TAFELSPITZ
MIT SPITZKOHL UND SCHUPFNUDELN

ZUBEREITUNG

01. Für die Schupfnudeln die Kartoffeln schälen, waschen und in Salzwasser etwa 30 Minuten weich garen. Die Kartoffeln abgießen, ausdampfen lassen und durch die Kartoffelpresse drücken. Dann die Kartoffelmasse mit Mehl, Salz, Ei, Eigelb und etwas Muskatnuss mischen und den Kartoffelteig etwas ruhen lassen.

02. Den Backofen auf 100 °C vorheizen. Für den Tafelspitz das Fleisch waschen und trocken tupfen, mit Salz und Pfeffer würzen. In einer Pfanne in Öl rundum scharf anbraten. Herausnehmen und im Ofen auf der mittleren Schiene etwa 1 Stunde rosa garen.

03. Inzwischen den Kartoffelteig zu fingerförmigen, etwa 8 cm langen, spitz zulaufenden Schupfnudeln formen. Mit einem Küchentuch bedeckt ruhen lassen.

04. Für den Spitzkohl vom Kohl die äußeren Blätter und den Strunk entfernen. Restliche Blätter waschen, trocken tupfen und in feine Streifen schneiden. Die Birne waschen, vierteln und entkernen. Die Birnenviertel in dünne Scheiben schneiden und sofort mit dem Zitronensaft mischen. Die Butter in einer Pfanne erhitzen, die Birnen dazugeben, mit dem Puderzucker bestäuben und leicht karamellisieren. Den Spitzkohl untermischen, mit Brühe und Wein ablöschen. Bei mittlerer Hitze etwa 5 Minuten köcheln lassen und mit Salz und Pfeffer würzen.

05. Die Schupfnudeln in reichlich siedendem Salzwasser etwa 5 Minuten gar ziehen lassen. Mit dem Schaumlöffel herausnehmen und abtropfen lassen. Restliche Butter in einer Pfanne erhitzen und die Schupfnudeln darin schwenken. Mit Schnittlauchröllchen bestreuen. Den Tafelspitz aus dem Ofen nehmen, kurz ruhen lassen und in dünne Scheiben schneiden. Mit Spitzkohl und Schupfnudeln anrichten und mit grob gerapeltem Meerrettich garnieren.

ZUTATEN FÜR 4 PERSONEN

FÜR DIE SCHUPFNUDELN:
+ **700 g mehligkochende Kartoffeln**
+ **Salz**
+ **100 g Mehl**
+ **1 Ei**
+ **1 Eigelb**
+ **frisch geriebene Muskatnuss**
+ **20 g Butter**
+ **2 EL Schnittlauchröllchen**

FÜR DEN TAFELSPITZ:
+ **700 g Tafelspitz**
+ **Salz • Pfeffer aus der Mühle**
+ **2 EL Öl**

FÜR DEN SPITZKOHL:
+ **600 g Spitzkohl**
+ **1 Birne**
+ **1 EL Zitronensaft**
+ **1 EL Butter**
+ **1 TL Puderzucker**
+ **100 ml Gemüsebrühe**
+ **50 ml trockener Weißwein**
+ **Salz • Pfeffer aus der Mühle**
+ **50 g Meerrettich (am Stück)**

GESCHMORTE REHKEULE
MIT SAHNEWIRSING

ZUBEREITUNG

01. Am Vortag die Rehkeule kalt abbrausen und trocken tupfen. Sellerie und Möhren putzen, schälen und in große Stücke schneiden. Tomaten waschen und ebenfalls in große Stücke schneiden, dabei die Stielansätze entfernen. Gemüse mit Rotwein, Lorbeerblättern, Gewürznelken, Pimentkörnern und Wacholderbeeren in einer großen Schüssel mischen und das Fleisch darin zugedeckt im Kühlschrank 24 Stunden marinieren.

02. Am nächsten Tag den Backofen auf 180 °C vorheizen. Die Rehkeule aus der Marinade nehmen, abtropfen lassen und trocken tupfen. Die Marinade durch ein Sieb gießen und auffangen, Gemüse und Gewürze aufheben. Das Butterschmalz in einem Bräter erhitzen und das Fleisch darin rundum anbraten. Mit Salz und Pfeffer würzen.

03. Gemüse und Gewürze aus der Marinade dazugeben, mit Mehl bestäuben und goldbraun rösten. Tomatenmark unterrühren und kurz mitrösten. Marinade und Brühe dazugießen und aufkochen lassen. Dann die Keule im Ofen auf der mittleren Schiene zugedeckt 1½ bis 2 Stunden schmoren, gelegentlich mit Bratenfond übergießen.

04. Etwa 20 Minuten vor Ende der Garzeit den Wirsing putzen, in die einzelnen Blätter teilen, diese halbieren und dabei die Blattrippen entfernen. Blätter waschen, trocken schütteln und in feine Streifen schneiden. Die Wirsingstreifen in einer großen Pfanne in der Butter andünsten. Sahne und Brühe angießen und den Wirsing etwa 10 Minuten fertig garen. Mit Salz, Pfeffer und Muskatnuss würzen.

05. Die Rehkeule aus dem Bräter nehmen, Küchengarn entfernen und das Fleisch in Scheiben schneiden. Bratenfond durch ein Sieb gießen, aufkochen und mit Sahne und Hagebuttenmark verfeinern. Rehfleisch mit Sahnewirsing und Sauce anrichten. Dazu passen Schupfnudeln.

ZUTATEN FÜR 4 PERSONEN

FÜR DIE REHKEULE:
+ 1,2 kg Rehkeule (ausgelöst und gebunden; vom Metzger vorbereiten lassen)
+ 200 g Knollensellerie
+ 2 Möhren
+ 2 Tomaten
+ ¾ l trockener Rotwein
+ 2 Lorbeerblätter
+ je 4 Gewürznelken und Pimentkörner
+ 6 Wacholderbeeren
+ 2 EL Butterschmalz
+ Salz • Pfeffer aus der Mühle
+ 1 EL Mehl
+ 1 EL Tomatenmark
+ ¼ l Rinderbrühe
+ 50 g Sahne
+ 1 EL Hagebuttenmark

FÜR DEN SAHNEWIRSING:
+ 1 kleiner Kopf Wirsing (ca. 800 g)
+ 1 EL Butter
+ 100 g Sahne
+ 100 ml Gemüsebrühe
+ Salz • Pfeffer aus der Mühle
+ frisch geriebene Muskatnuss

REHMEDAILLONS
MIT SELLERIEPÜREE

ZUBEREITUNG

01. Die Zitrone auspressen. 1 Sellerieknolle putzen, schälen und in kleine Würfel schneiden. Die Selleriewürfel mit dem Zitronensaft in kochendem Salzwasser weich garen. In ein Sieb abgießen, abtropfen lassen und mit dem Stabmixer fein pürieren. Das Püree mit Salz, Pfeffer und Muskatnuss würzen. Bei schwacher Hitze unter Rühren nochmals erhitzen, dabei die Sahne dazugießen. Zuletzt 3 EL Butter unterrühren und das Püree warm halten.

02. Den Fond mit dem Cognac und den Preiselbeeren erhitzen und auf die Hälfte einkochen lassen. Die Crème double dazugeben, cremig einkochen lassen und die Sauce durch ein Sieb passieren.

03. Die Schalotte schälen und in feine Würfel schneiden. Die beiden Pilzsorten putzen und trocken abreiben. 3 EL Butter in einer Pfanne erhitzen und die Schalottenwürfel darin andünsten. Die Pilze hinzufügen und 3 bis 4 Minuten braten, bis die Flüssigkeit verdampft ist. Mit Salz, Pfeffer und Muskatnuss würzen und die Petersilie untermischen.

04. Den Backofen auf 100 °C vorheizen. Die Rehmedaillons waschen und trocken tupfen. Das Öl und die restliche Butter in einer Pfanne erhitzen und die Rehmedaillons darin auf beiden Seiten etwa 2 Minuten braten. Mit Salz und Pfeffer würzen und im Ofen warm halten.

05. Die zweite Sellerieknolle putzen, schälen und in feine Scheiben hobeln. Aus den Scheiben Kreise mit etwa 4 cm Durchmesser ausstechen und in heißem Öl knusprig ausbacken.

06. Die Rehmedaillons mit dem Selleriepüree, den Pilzen und der Sauce anrichten. Die Sellerie-Chips als Deko in das Püree stecken. Nach Belieben glasierte Apfelspalten und Preiselbeeren dazu reichen.

ZUTATEN FÜR 4 PERSONEN

+ ½ Zitrone
+ 2 Sellerieknollen (à ca. 400 g)
+ Salz • Pfeffer aus der Mühle
+ frisch geriebene Muskatnuss
+ 150 g Sahne
+ 80 g Butter
+ ¼ l Wildfond
+ 2 cl Cognac
+ 1 EL Preiselbeeren (aus dem Glas)
+ 125 g Crème double
+ 1 Schalotte
+ 200 g Pfifferlinge
+ 50 g Totentrompeten
+ 1 EL gehackte Petersilie
+ 12 Rehmedaillons (à ca. 60 g)
+ 2 EL Öl
+ Öl zum Ausbacken

KANINCHENRAGOUT
MIT PASTINAKENPÜREE

ZUBEREITUNG

01. Für das Kaninchenragout das Fleisch in Würfel schneiden. Die Wacholderbeeren zerstoßen, mit dem Schnaps zu einer Paste verreiben und mit dem Kaninchenfleisch mischen. Zugedeckt 2 Stunden ziehen lassen.

02. Das Suppengemüse putzen, waschen bzw. schälen, die Zwiebeln schälen. Alles in feine Würfel schneiden. Den Speck ebenfalls in feine Würfel schneiden und in einem Topf bei mittlerer Hitze langsam auslassen. Das Fleisch und das Gemüse dazugeben, rundum anbraten und mit Salz und Pfeffer würzen. Lorbeerblätter und gewaschenen Thymian dazugeben und den Fond und den Roséwein angießen. Das Ragout zugedeckt bei mittlerer Hitze 50 Minuten schmoren lassen, dann Lorbeerblätter und Thymian wieder entfernen. Die Sahne unterrühren und das Ragout weitere 15 Minuten köcheln lassen. Nach Belieben mit Speisestärke binden.

03. Für die glasierten Zwiebeln Silberzwiebeln und Schalotten schälen. Weißwein mit ½ TL Salz und 1 EL Zitronensaft aufkochen und die Silberzwiebeln darin bissfest garen. Rotwein mit 1½ TL Salz und dem restlichen Zitronensaft aufkochen und die Schalotten darin bissfest garen. Beide Zwiebelsorten abgießen und abtropfen lassen. Den Zucker in einem Topf hellbraun karamellisieren, Silberzwiebeln und Schalotten dazugeben und mit dem Fond ablöschen. Köcheln lassen, bis der Fond fast vollständig verdampft ist.

04. Für das Püree die Pastinaken und Kartoffeln schälen, in Stücke schneiden und in Salzwasser etwa 20 Minuten garen. Die Milch erhitzen, die Butter darin zerlassen und mit Salz und nach Belieben mit Muskatnuss würzen. Die heiße Milch-Butter-Mischung über die gegarten Pastinaken- und Kartoffelstücke gießen und alles mit dem Kartoffelstampfer zerdrücken. Das Püree mit Salz abschmecken. Mit Kaninchenragout und glasierten Zwiebeln anrichten.

ZUTATEN
FÜR 4 PERSONEN

FÜR DAS KANINCHEN-RAGOUT:

+ **800 g Kaninchenfleisch (aus der Keule; ohne Knochen)**
+ **8 Wacholderbeeren**
+ **4 cl Wacholderschnaps**
+ **1 Bund Suppengemüse**
+ **2 Zwiebeln**
+ **75 g durchwachsener geräucherter Speck**
+ **Salz • Pfeffer aus der Mühle**
+ **1–2 Lorbeerblätter**
+ **2 Zweige Thymian**
+ **½ l Wildfond • ¼ l Roséwein**
+ **100 g Sahne**

FÜR DIE GLASIERTEN ZWIEBELN:

+ **je 20 Silberzwiebeln und sehr kleine Schalotten**
+ **125 ml trockener Weißwein**
+ **Salz • 2 EL Zitronensaft**
+ **125 ml trockener Rotwein**
+ **2 EL Zucker**
+ **125 ml Wildfond**

FÜR DAS PÜREE:

+ **je 400 g Pastinaken und mehligkochende Kartoffeln**
+ **Salz • ca. 200 ml Milch**
+ **100 g Butter**

REZEPTREGISTER

IMPRESSUM

© **ZS VERLAG GmbH**
Kaiserstraße 14b
D-80801 München

ISBN 978-3-89883-600-5
1. Auflage 2016

Projektleitung: Katharina Wolf, Natalia Fischer
Lektorat: ZS-Team
Grafik Design & Artdirection: Seidldesign
Grafik & Satz: Irene Schulz, Kerstin Duben
Herstellung: Peter Karg-Cordes
Producing: Jan Russok
Druck & Bindung: Neografia, Martin

Die ZS Verlag GmbH ist ein Unternehmen der Edel AG, Hamburg.
www.zsverlag.de | www.facebook.de/zsverlag

BILDNACHWEIS

Umschlag: Eising Studio | Food Photo & Video: M. Görlach: vorne; STOCKFOOD: S. Cato-Symonds: hinten (l.), Blickpunkte: hinten (M); H. Bischof: hinten (r)
Innenklappe: W. Cimbal: hinten; STOCKFOOD: M. Zaki (01); D. Marsden (02); J. Lee Studios (03); Eising Studio | Food Photo & Video (04), (07); Maximilian Stock Ldt. (05); Picture Box/Luna (06)
Außenklappe: ZS Verlag/J.-P. Westermann
Innenteil: STOCKFOOD: C. Alack: 116; L. Beisch: 11, 92; U. Bender: 112; A. van Berge: 73, 93; H. Bischof: 23, 45, 57, 77, 88, 98, 99, 109; Blickpunkte: 2 (o.), 44, 47; S. Cato-Symonds: 13; J. Cazals: 50, 97; S. Danielsson: 12; Danielsson/Voltaire: 19; DeA Picture Library: 76; Nicki Dowey Ltd.: 51; S. Eising: 2 (r.), 29, 41, 91, 99, 103, 105, 115, 123; Eising Studio | Food Photo & Video: 2 (l.), 25, 33, 59, 61, 85; 119; G. Elms: 81; I. Eriksson: 56; Finley: 30; Foodcollection: 2 (u.), 27, 72, 80, 107, 111; FoodPhotography Eising: 15, 21, 43, 53, 55, 63, 79, 83, 89, 104, 121; M.O.I.Garlick: 9; M.Hunter: H.Lehmann: 113; J.Lehmann: 69; L. Lister: 7, 8, 87, 117; B. Radvaner: 75; J.Rynio: 20, 35, 65, 71; W. Schardt: 37; Teubner Foodfoto: 16, 17, 101; F.Wieder: 125; B.Winkelmann: 31; ZS Verlag/Kramp-Gölling: 51